封印された東京の謎

小川裕夫

The Taboo Stories of Tokyo
Text by Hiro Ogawa

彩図社

はじめに

２０１７年1月現在、東京の人口は１３００万人を軽く超えている。

東京都の経済規模（ＧＤＰ）は92兆９０００億円で日本の約5分の1（２０１５年度）。これは、オーストラリアやメキシコ、韓国といった国々と肩を並べるレベルである。都市の経済規模で比べれば、東京を世界一だとする統計もある。

巨額の資金と多くの人間が集まる東京。この都市はなぜここまで巨大になったのか。そのはじまりはいったいどこからなのか。これまで、様々な立場から研究が進められてきた。

徳川幕府が倒れ、明治政府が樹立した後、東京は地名として姿を現す。関東大震災、太平洋戦争での空襲……、東京は幾多の困難を乗り越え、巨大な都市に成長してきた。

だが、その歴史を振り返った時、必ずしも東京は輝かしい道だけを歩いてきたのではない。東京には〝裏面史〟とでも言うべき、公然と語られることの少ない封印された歴史もある。

本書は、そんな東京の〝裏面史〟に、様々な面からスポットライトをあてたものだ。

第一章「首都・東京誕生の舞台裏」では、明治維新から東京都誕生までを追った。東京が近代日本の首都に選ばれた理由や、東京の範囲が決まった背景、さらには東京〝都〟という特異なシステムまで、東京が成立するまでの裏面史をまとめている。

第二章「東京名所に秘められた歴史」では、だれもが知る東京の名所の逸話をとりあげた。かつて皇居にあったゴルフコースや、東京タワーを超えるはずだった超高層電波塔計画、上野動物園とＧＨＱの意外な関係など、知られざる東京名所の秘話に迫った。

第三章は、「都市と繁華街の１５０年」と題し、新宿や渋谷、銀座、上野といった多くの人で賑わう繁華街の歴史に焦点を当てた。明治初期は荒れ野が広がっているだけだった渋谷や池袋がなぜ都内有数の繁華街になったのか、なぜ新宿〝歌舞伎町〟なのか、など都市の知られざる歴史を掘り下げている。

第四章「知られざる東京の謎」では、東京の歴史の中にある数々の謎に迫った。幻に終わった東京万博計画、都心一等地にある米軍基地、お台場にある帰属未定の埋立地などを取り上げ、その裏側にある自治体同士の争いや謎の真相を解説している。

あの終戦から70年以上が経った。敗戦で焼け野原になった東京は驚異的な復興を遂げ、１９６４年のオリンピックの開催を契機に世界に肩を並べる都市になった。

しかし、東京はとてつもない経済的な発展と引き換えに、多くのものを失ってきた。はたして東京はその歴史の中で何を得て、何を失ってきたのか。

本書を読み、東京を知ることで、この都市の奥深さを知っていただければ幸いである。

封印された東京の謎 目次

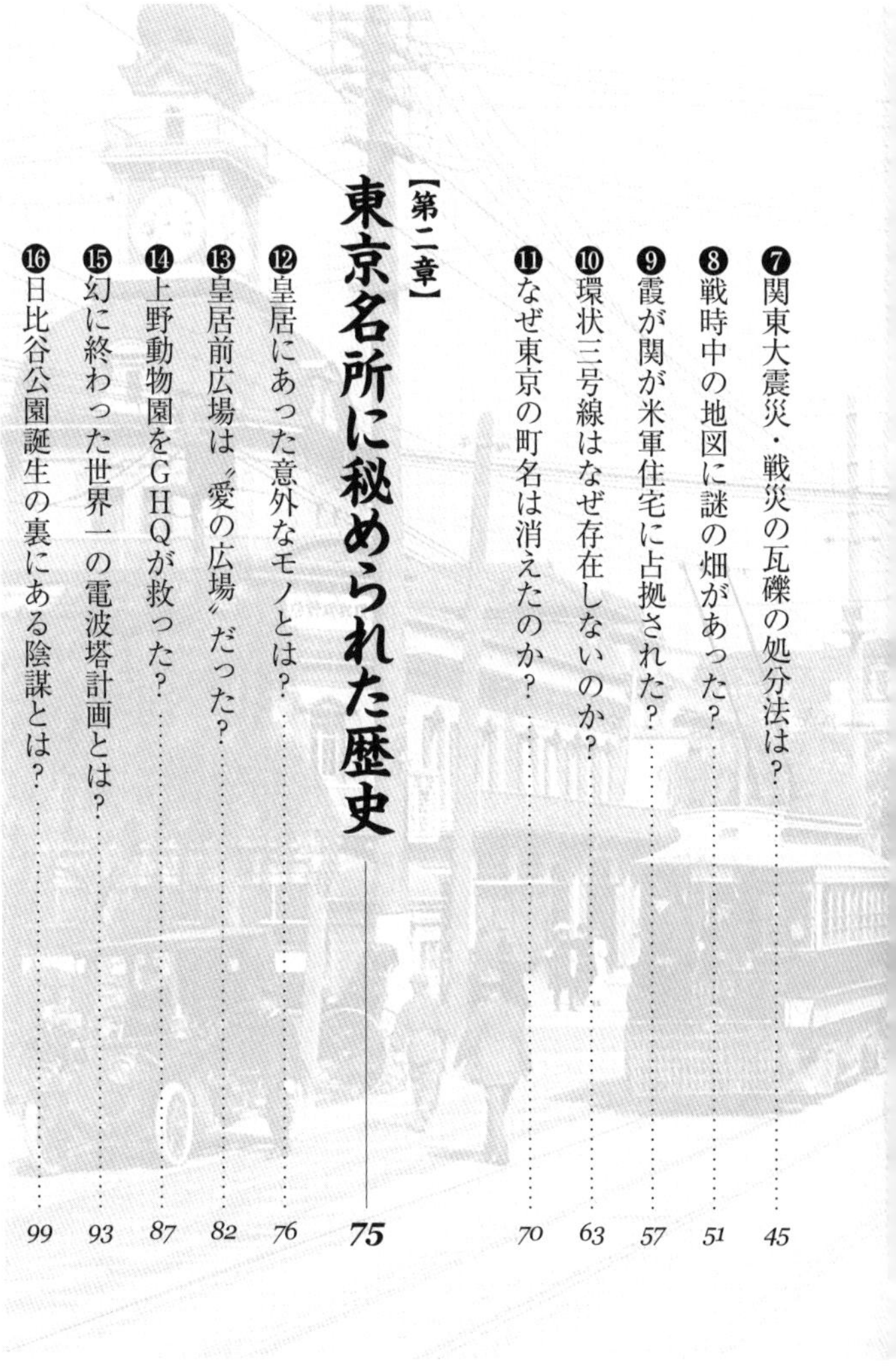

【第二章】東京名所に秘められた歴史　75

【第四章】知られざる東京の謎

【第一章】首都・東京誕生の舞台裏

Episode : 01

【首都移転計画に隠された様々な思惑】

なぜ東京は〝首都〟になったのか？

突然だが、日本の首都はどこだろうか。

おそらく大部分の人は、「日本の首都は、東京だ」と答えるだろう。しかし、実は日本には東京を首都だと定めた法律は存在していない。法律上、日本の首都は決まっていないのだ。

しかし、国会議事堂や最高裁判所など、日本の政治や司法機能の中枢が集中する東京は、実質的な首都であることに疑いようはない。なぜ、東京は法律上の首都と定められていないのだろうか。東京が〝首都〟となった経緯を見てみよう。

●有力候補は大坂だった？

慶応3（1867）年、将軍・徳川慶喜が大政奉還を断行し、260年以上も続いた江戸時代が終わりを告げる。そして始まった明治時代、国家の近代化を目指す首脳たちは、新しい国

江戸幕府の終焉を告げた大政奉還。新政府は新たな〝首都〟づくりをはじめた。

家の首都にふさわしい土地を探し始めた。新しい首都の候補地に上がったのは、京都、大坂、江戸の三都市。当初、その中でもっとも有力だったのは、実は大坂だった。

京都は天皇の居所がある古の都、幕末から維新にかけて政治の中枢が置かれており、最後の将軍・慶喜も京都で将軍に就任し、大政奉還まで滞在した。伝統から言えば、京都が首都になってもおかしくはなかった。

しかし、近代国家の首都は港湾や道路、建物といったインフラが整った都市でなければならない。その点、古い町並みの京都は、時代から取り残された都市だった。明治の首脳たちは当初、京都の街を大改造しようと考えたが、手間がかかり過ぎると判断。結局、首都を京都から移転することを選択した。

次に候補地として名前が挙がったのが、大坂である。

首都大坂構想の論陣を張ったのが、旧幕臣の西周《にしあまね》だった。西は、大坂が経済的に発展していながらも、江戸のように武家屋敷が密集していない点に着目。14代将軍の家茂が大坂城で政務を執ったことを根拠に、大坂こそ新首都にふさわしいと主張した。

しかし、西の案は明治の首脳に却下される。実は、西は大坂に首都を置いた後、徳川家を新政府のリーダーとしてそのまま続投させる狙いがあった。その狙いを読み取った倒幕派に反対されたのだ。

だが、明治の首脳の中にも首都大坂構想を推す者もいた。その代表格が、維新の牽引役となった薩摩藩の大久保利通である。

大久保は、新時代は経済力が重要になると理解していた。西の「徳川家存続案」は否定しつつも、日本随一の商業都市である大坂を首都にすべきだと主張したのだ。

しかし、京都から大坂に首都を遷すとなったら、天皇も京都から移動することになる。長らく京都に住んでいた天皇が移動したら、社会が混乱する可能性もあった。実際、天皇のそばで仕えていた公家らは、大坂に遷都することに強く反対。大坂遷都は暗礁に乗り上げてしまった。

大久保は、それでも大坂遷都を諦めず、公家出身の岩倉具視から助言をもらって、大坂行幸を企画する。行幸とは、天皇が直々にお出ましになって視察することをいう。明治天皇を大坂に行幸させることで遷都をした際の反応を窺うことにしたのである。

●前島密の両都論

明治維新の立役者でもある大久保が、遷都を提案したことはすぐに世間の耳目を集めることになった。そうした噂は、政府内だけではなく、一般市民の話題にも上り、新政府に対して不満を持つ士族たちの間では、遷都は新政府の横暴ではないか、という意見も出るようになった。

そのうち、大坂遷都論の反対派から「いっそのこと、江戸にしてはどうか」という声が上がり始める。この「江戸遷都論」を強く推したのが、前島密《まえじまひそか》だった。当時の前島は薩摩藩の洋学校・開成所の教授で明治期に入って郵便制度の創設に尽力した人物として知られる。前島はすでに発展している大坂より、開発の余地がある江戸の方が首都に適していると主張。江戸を首都にし、天皇の居所を置くことで皇恩が届いていない東北や北海道にまで、天皇の威光を伝えることができると説いた。

「江戸遷都論」を唱えた前島密

この前島の意見は、後に東京府知事や元老院議

明治天皇の東京行幸

長を務める大木喬任《たかとう》や、維新十傑の1人として知られる江藤新平といった有力者の賛同を集める。大木や江藤は、江戸という徳川政権の残り香を払拭するために、江戸を東京と改称し、東の東京と西の京都といった具合に2つの首都を置く「両都論」を考案、建白書を岩倉具視に提出した。

大坂と江戸、2つの候補地の間で争われた首都移転問題は、結局、この大木・江藤案が採用される。明治天皇が大坂に行幸した後、元号は明治に改元する。そして明治元（1868）年に、江戸は東京に改称。新しく誕生した東京に、明治天皇は行幸した。

東京での行幸は長期滞在ではなかったが、京都に帰った翌年に天皇は再び東京に行幸する。このとき、江戸城は地名に合わせて東京城と改称した。さらに二度目の東京行幸で東京城は天皇の仮住まいとなる。仮住まいとなった東京城は、皇城とまたしても名称を変更した。そして、明治天皇は江戸城の西の丸に入った。その後、皇城はすぐに宮城《きゅうじょう》と名称変更した。行幸から東京に滞在することになった明治天皇は、京都に戻ることはなかった。つまり行幸を繰り返したことで、実質的に京都から東京へ遷都したことになったのだ。

●明治政府は慎重に首都移転を行った

ただ、これはあくまでも明治政府が、隠然とした意図で行った遷都に過ぎない。京都から首都を移すにあたって、政府の横暴だと考える不平士族などもいた。また、京都の人々からの反発もあった。そうした反対勢力に配慮するため、政府は、「明治天皇は東京に〝滞在〟している」という体裁をとった。そのため、東京が日本の首都であるという思いは、明治初期の東京人には希薄だった。

なし崩し的に天皇が京都から東京に住まいを移した後、宮城は近代国家に相応しいよう改築されていく。敷地内に明治宮殿が造営されて、そのほかの付随施設も次々と建造されていった。こうして東京は〝実質的〟に首都へと変貌を遂げていったのだ。その後、東京には、首都のシンボル的な存在である総理大臣官邸や国会議事堂、最高裁判所などが次々と建てられていった。首都機能を次々と東京に設置しながらも、政府は遷都という言葉は使わず、奠都《てんと》という言葉でお茶を濁した。

天皇が東京に住むようになっても、新しい天皇の即位式は京都で執り行うというしきたりはそのままだった。天皇の即位儀礼は、皇太子が新天皇に即位する〝践祚《せんそ》の儀〟と、内外に宣下する〝即位の礼〟のふたつがある。皇室典範では、これらは京都で行われることが定められていた。天皇と京都との関係性は、天皇の即位というつながりで保たれていた。そうした京都が首都であるとの自負も昭和になると崩されることになる。皇室典範が改正されて、天皇の即位は東京で行われることが決められたのだ。

東京を首都と定める法律の条文はないが、その理由は、明治政府が反対派を刺激しないよう、わざわざ法律の条文に記さなかったことが今日まで続いているとみることができる。だが〝首都高速道路〟などを見ればわかるように、日本政府が東京を首都であるとしていることは否定しようがない。

明治天皇が東京に〝引っ越し〟してから約150年。高度経済成長期には、東京から首都を移転させる構想が浮上したこともあった。また、首都移転ではなく、首都機能を移転させるという妥協案や地方分権を進めることで首都機能の軽減を図るといった意見も出されている。

ちなみに首都移転、首都機能の移転に反対する東京都は、〝TOKYO METOROPOLITAN GOVERNMENT〟という英語表記を使い、諸外国に首都であることをアピールしている。

Episode : 02

【強引な線引きから住民の不満が噴出】

東京府の範囲はどう決められたか？

現在の東京都は、23区部、多摩地区、小笠原諸島などの島嶼《とうしょ》部を区域としている。だが、もちろん明治のはじめから、東京はいまの形をしていたわけではない。東京都の前身となった明治の東京府は、いったいどのようにして決められたのだろうか。

●江戸から東京府へ

東京府が誕生したのは、明治元（１８６８）年。鳥羽伏見の戦いで幕府軍に勝利した新政府軍は徳川家やそれに味方した大名の領地を没収し、江戸を東京府と改称し、新しい都を置いた。

この時、江戸の全域が東京府になったわけではなかった。

江戸は一度、現在のＪＲ山手線内側と江東区・墨田区にあたる江戸府と、ＪＲ山手線の外側と埼玉県・千葉県の一部にあたる武蔵県に分けられている。その区分けの基準として参考にされたのが、江戸時代後半になって登場した「朱引」だった。

江戸時代、将軍のお膝元であった江戸の町は拡大を続けていた。市街地は徐々に郊外へと広がり、次第にどこまでが江戸で、どこからが江戸でないのか、その境目が不明瞭になっていた。そうした曖昧な状態だと、さまざまな面で不都合が生じてくる。

そこで文政元（1818）年、当時の老中・阿部正精が江戸市域の画定作業に着手し、「旧江戸朱引内図」が作成される。この地図には、江戸城を中心にして朱色のラインが引かれていた。そのラインの内側が、江戸市域として初めて取り決められたのだ。

明治の新政府は、この朱引を参考に東京府の範囲を決めた。

江戸は、まず朱引内の東京府と、朱引外の武蔵県に分けられた。明治2年、武蔵県は小菅県・品川県・大宮県に分割。2年後には3県は廃止され、荏原《えばら》郡の一部（現在の品川区、目黒区、大田区および世田谷区の一部の地域）、葛飾郡の一部（現在の葛飾区、江戸川区、墨田区と江東区の一部の地域）、足立郡の一部（足立区全域と北区・板橋区の一部）、豊嶋郡の一部（豊島区、台東区、文京区などの一部）と入間県（現在の埼玉県）以外の多摩郡全域が東京府に編入。さらには明治11年に伊豆諸島が、その2年後には小笠原群島が東京府の管轄となった（詳しくは28ページ）。こうして東京都の前身となる、東京府の大枠は固まっていったのだ。

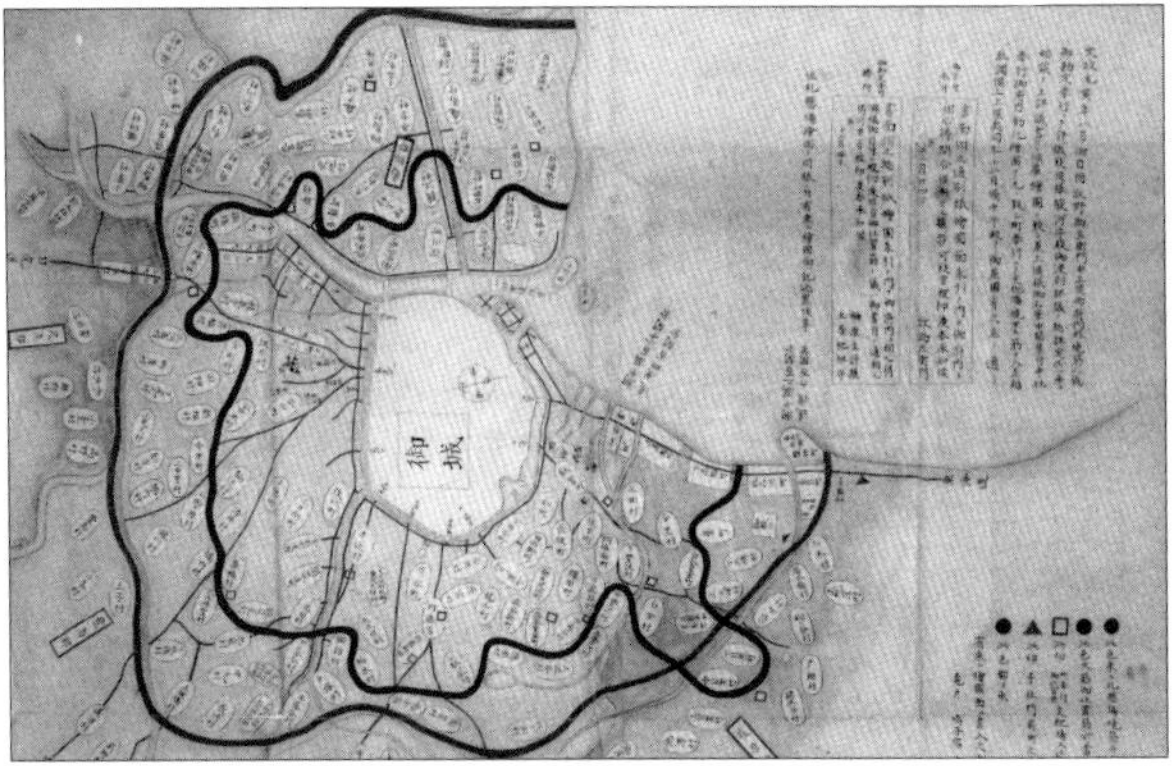

「旧江戸朱引内図」（東京都公文書館所蔵）。外側に引かれた線が江戸の範囲を示した「朱引」、内側に引かれた線は町奉行所の管轄を示す「墨引」である。

●東京誕生の裏にあった悲劇

明治政府や東京府は、統治機構を早期に確立するために、強引に自治体の線引きを決めたため、住民とトラブルになるケースもあった。その中でも有名なのが、麻布広尾町の事例だろう。

そもそもの発端は、東京市の制定だった。

明治11（1878）年、明治政府は統治システムのさらなる充実をはかって、郡区町村編制法を施行する。これは郡や区、町村といった基礎自治体を日本全国に設置しようというもので、東京府にも区と郡が置かれることになった。東京府は、前述の朱引や税収などを参考に、麻布区や浅草区、神田区といった15区を設置、それ以外の地域には6つの郡を置いた。

明治22（1889）年、市制町村制が実施されると、東京15区は東京市になった。これに待ったをかけたのが、麻布広尾町だった。

麻布広尾町は、現在の渋谷区広尾に位置した町で、いまでは都内屈指の高級住宅街として知られている。しかし、明治11年に東京15区が誕生した時には、区内に入ることができなかった。

理由は、朱引である。東京15区の範囲を決めるとき、東京府や内務省は町の実情よりも朱引を重視して、強引に線引きを行った。麻布広尾町は15区のひとつ、麻布区に隣接していたが、朱引から外れていたために、渋谷村に組み込まれてしまったのだ。

東京15区が東京市になった時も、麻布広尾町は市内に組み込まれなかった。これでは政府や東京府から「キミたちの住む場所は田舎ですよ」と烙印を押されたに等しい。

麻布広尾町の住民たちが恐れたのは、「田舎」というイメージダウンだけではなかった。東京市外は郡が管轄したが、郡部に編入されると市内に比べて郵便の配達が遅れたり、持ち込み税が課せられることもあった。市外にされれば、実害を被るおそれもあったのである。

麻布広尾町の住民たちは、「なんとか東京市に組み込んでくれないか」と政府や東京府に懇願した。しかし、住民たちの悲痛な叫びは聞き届けられなかった。麻布広尾町が東京市に組み込まれるのは、東京市が市域を拡大した昭和7（１９３２）年。いまでこそ高級住宅街として知られる広尾は、30年以上も田舎というレッテルを貼られたまま、我慢の日々を過ごしていたのだ。

■ 東京区部の変遷

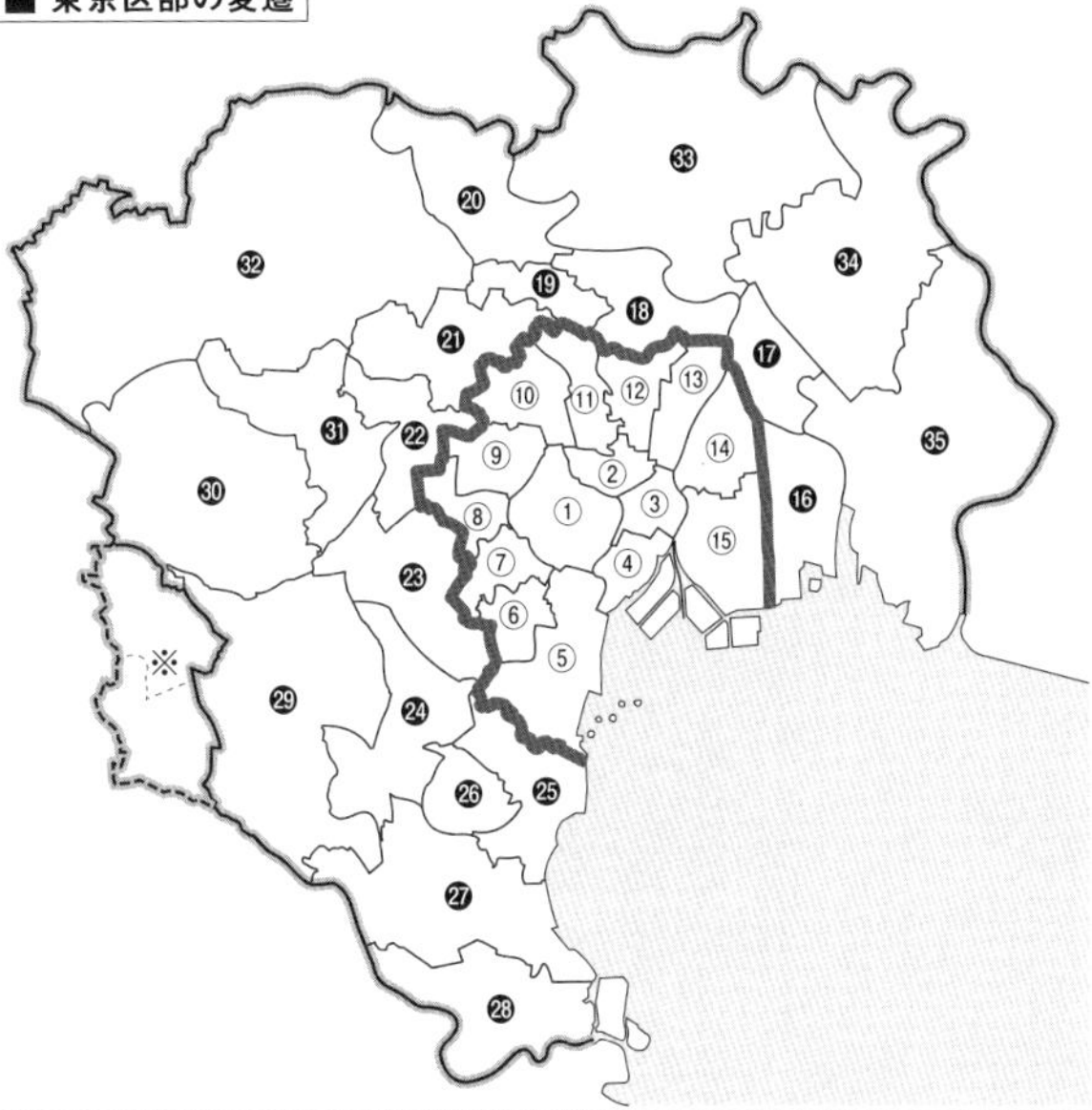

【東京15区】（～1932年）

①麹町区　②神田区　③日本橋区　④京橋区　⑤芝区　⑥麻布区　⑦赤坂区　⑧四谷区
⑨牛込区　⑩小石川区　⑪本郷区　⑫下谷区　⑬浅草区　⑭本所区　⑮深川区

【東京35区】（1932年～1947年）

⓰城東区　⓱向島区　⓲荒川区　⓳滝野川区　⓴王子区　㉑豊島区　㉒淀橋区　㉓渋谷区
㉔目黒区　㉕品川区　㉖荏原区　㉗大森区　㉘蒲田区　㉙世田谷区　㉚杉並区　㉛中野区
㉜板橋区　㉝足立区　㉞葛西区　㉟江戸川区　※千歳村と砧村は1936年に世田谷区に編入。

【東京23区】（1947年～）

1 千代田区（①+②）　2 中央区（③+④）　3 港区（⑤+⑥+⑦）　4 新宿区（⑧+⑨+㉒）
5 文京区（⑩+⑪）　6 台東区（⑫+⑬）　7 墨田区（⑭+⓱）　8 江東区（⑮+⓰）
9 品川区（㉕+㉖）　10 目黒区（㉔）　11 大田区（㉗+㉘）　12 世田谷区（㉙+※）　13 渋谷区（㉓）
14 中野区（㉛）　15 豊島区（㉑）　16 北区（⓳+⓴）　17 杉並区（㉚）　18 荒川区（⓲）
19 板橋区（㉜）　20 練馬区（㉜）　21 足立区（㉝）　22 葛飾区（㉞）　23 江戸川区（㉟）

Episode : 03

【三多摩地区を巡る東京と神奈川の争い】

東京が神奈川から町田を奪った？

昨今、耳にする機会が減ったが、かつての東京では23区と市部を区別する表現として、三多摩という言葉が使われていた。

三多摩とは、西多摩郡・南多摩郡・北多摩郡に所属していた市町村を指す。現在、北多摩郡と南多摩郡の全町村が市制を施行しているため、それにともない郡は消滅。残っているのは奥多摩町・日の出町・瑞穂町・檜原村の4町村が所属する西多摩だけとなっている。

西南北の多摩郡があるなら、当然ながら東多摩郡があってもいいはずだ。それなのに、東多摩郡がないのは、どうしてだろうか？

●本当はあった東多摩郡

明治11（1878）年、郡区町村編制法が施行されると、多摩郡が4つに分割されることになった。このとき誕生したのは、北多摩郡、南多摩郡、西多摩郡、そして東多摩郡……そう、過去には東多摩郡は存在していたのである。東多摩郡には、江古田村・高円寺村・上荻窪村といった村々が所属していたが、明治22（1889）年の市制町村制により、江古田村や新井村などの7村が野方村に、高円寺村や阿佐ヶ谷村などの6村が杉並村としてまとまった。

もともと4つに分かれる前の多摩郡は、明治初頭、品川県に属していた。18ページで触れたように、品川県の大部分はその後、東京府に編入されたが、多摩郡は神奈川県に所属する方針を決めていた。

だが、いざという段階になって東京府が異議を唱える。「多摩郡は東京府の領地、神奈川県には渡さない」と主張したのだ。

神奈川県は東京府の主張に激怒し、全面対決の姿勢をとった。領土問題は互いのメンツに関わるきわめて重要な問題だ。東京府も神奈川県も、絶対に多摩郡を渡すわけにはいかなかった。

多摩郡を巡る争いは激化し、どちらも主張を譲らなかった。しかし、当時の神奈川県令で、後に外務大臣などを歴任した陸奥宗光が「多摩は横浜の外国人の遊歩地区、だから横浜のある神奈川県に所属させるべきだ」と主張したことが決め手となり、政府の裁定で多摩郡は神奈川県に属することになった。

●多摩を東京に戻せ！

しかし、その後も多摩の火種はくすぶり続けた。

多摩郡の領有権争いで置いてけぼりを食ったのは、住民たちだった。東京府と神奈川県は、自分たちのメンツばかりを気にして争っていた。多摩の住民たちの意思や実情は尊重されていなかったのだ。

多摩四郡の中でも、東京寄りに位置する東多摩郡の住民は、東京府に所属したいと考えていた。意向を無視された東多摩郡の住民たちは、神奈川県に反発。東京府に戻せという嘆願を頻繁に行った。これに弱ったのは政府だった。せっかく一件落着した多摩郡の所属を、再び協議しなければならなくなったからだ。

政府は住民たちの意向を汲んで、翌年、東多摩郡の大半の地域を東京府に戻すことにした。東多摩郡は青梅街道を通して新宿と深いつながりがあった。東多摩郡と東京の結びつきは、明治以降に青梅街道に沿って甲武鉄道（現・中央線）が敷設されると、ますます強くなった。現在の状況を見れば、東多摩郡が東京府に所属したのは、当然だったといえるだろう。

東京府に戻った東多摩郡は、明治29（1896）年に南豊島郡と合併し、豊多摩郡となった。南豊島郡は現在の新宿や渋谷といった地域が所属したエリアだが、まだ都会と呼べるような状態ではなく東京市には組み込まれていなかった。

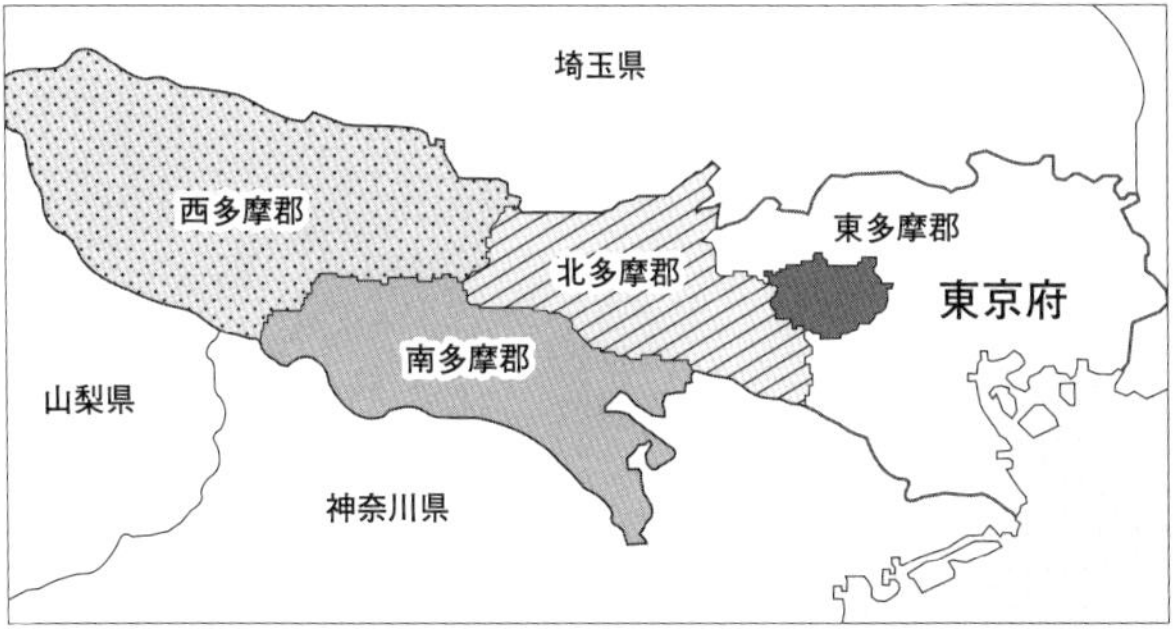

東京府多摩郡の位置。東多摩郡は後に豊多摩郡となり、東京府に編入された。

その後、東京は人口が増え続ける。鉄道網の発達もあり、都心部ではなく周辺部にたくさんの人が住むようになった。豊多摩郡のみならず荏原郡、北豊島郡、南葛飾郡といった東京市に近接する郡は、爆発的に人口が増えたこともあって、昭和7（1932）年に東京市へと編入されることになった。

東京市に編入されたということは、政府が豊多摩郡を都会と認定したことを意味する。東京市に組み込まれたそれぞれの郡は、実態に合わせて区が設置された。このときに淀橋区（現・新宿区）や渋谷区が誕生。旧東多摩郡には中野区・杉並区が生まれている。

●三多摩地区を巡る第二ラウンド

東京都を地図で見ると東西に伸びる横長な形をしている。東京23区は東側に偏在しているが、23区から町田市に鉄道で行くには、いったん神奈川県を通らなければなら

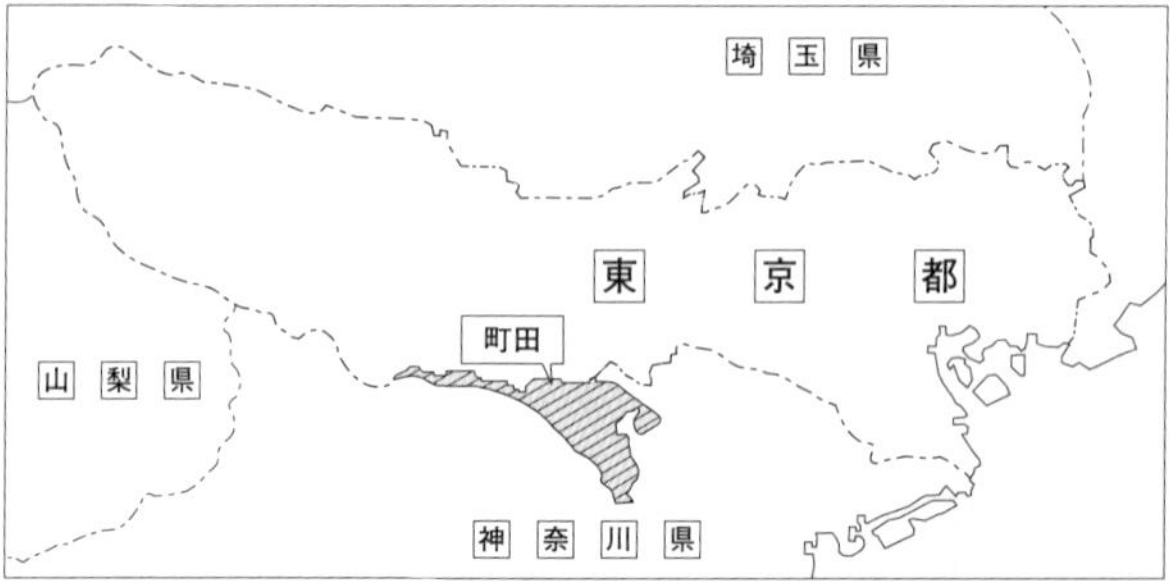

町田市の位置

ない。地図を眺めると、町田はどうして東京都なんだろうか、と疑問を抱かないだろうか。

町田市はかつて、南多摩郡の一部だった。すでに述べた通り、多摩四郡は東京府と神奈川県が争い、神奈川県が領有することになった。町田市はもともと神奈川県だったのである。

東多摩郡を除く多摩三郡は、東多摩郡が東京府に戻された後もしばらく神奈川県に所属していた。

しかし、青梅街道や中央線の整備が進むと、東多摩郡同様、西・南・北の三多摩も東京との結びつきが強くなってきた。加えて、三多摩には東京市民の命ともいえる水源、玉川上水があった。そこから、東京府に供給される水源を、東京府が管理するのは当然ではないかという声が上がるようになる。

しかし、この三多摩地区を巡る第二ラウンドの戦いは、拍子抜けするほどあっさりと終わった。神奈川県が三多摩地区の東京府への移管に同意したのである。

かつてはあれだけ争った三多摩地区を、なぜ神奈川県は簡単に譲ったのか。

その理由に、政治的な意図があったとする見方もある。当時の三多摩は、神奈川県政に批判的な土地だった。その三多摩地区を引き取りたい、という東京府の申し出は、神奈川県知事にとって願ったりかなったりだったというわけである。領土問題のメンツよりも、自分の立場を守りたいと考えたかどうかはわからないが、神奈川県知事は三多摩を東京府に譲渡する意思を表明。国会でも可決され、明治26（1893）年、長らく東京府と神奈川県で争っていた三多摩問題は決着した。

三多摩を手に入れた東京府は、水源問題を盾に、山梨県の北東部の北都留郡と東山梨郡を東京府に移管するよう求めた。北都留郡と東山梨郡も東京の水がめだったからなのだが、さすがにそこまでの強情は政府も許さず、東京府の要求は却下されている。

Episode : 04

【東京から1000キロも離れた島】

小笠原諸島はなぜ東京都なのか？

太平洋に浮かぶ伊豆七島や小笠原諸島はれっきとした東京都だ。

伊豆諸島があるのは、静岡県の伊豆半島沖。江戸時代に伊豆大島・利島・新島・神津島・三宅島・御蔵島・八丈島の7島が有人島だったことから伊豆七島と呼ばれるようになった。

その伊豆諸島からさらに南、東京から約1000キロも離れたところに小笠原諸島がある。平成23（2011）年にユネスコ世界自然遺産に登録されたので、ご存知の方も多いだろう。

東京から1000キロメートルも離れた小笠原が、なぜ東京都になったのか。ここでは小笠原の歴史をひも解いてみよう。

●小笠原発見史

小笠原を最初に日本人が発見したのは、寛文10（1670）年。阿波国の商人たちがミカ

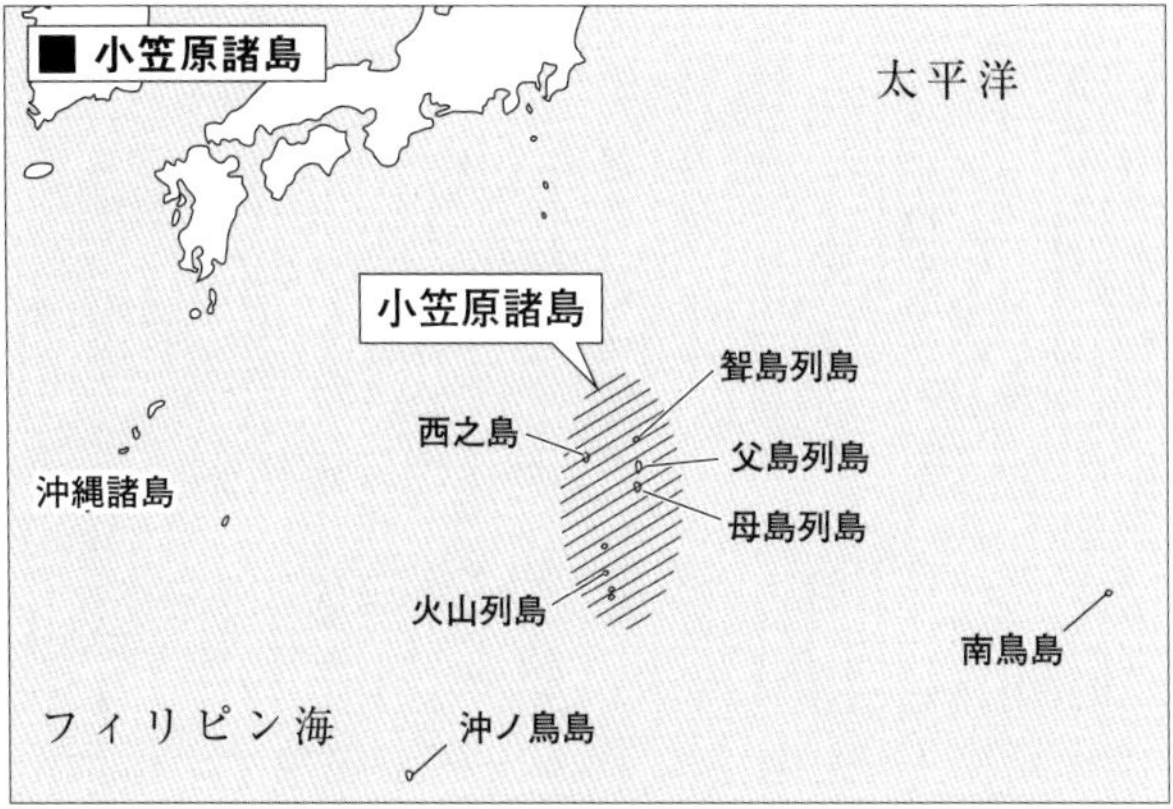

小笠原諸島の位置

ンを積んで江戸に向けて航行していたところ、遠州灘で遭難した。阿波国というのは現在の徳島県、遠州灘は静岡県浜松市付近。そこから小笠原に漂流するとは相当な方向音痴に思えるが、そうしたアクシデントが小笠原群島を発見するという奇跡につながった。阿波国の商人たちが漂着したのは、小笠原群島の母島で、そこから父島・聟島《むこじま》を経由して八丈島に帰還した。

江戸のはるか南に無人島を発見という一報を聞き、幕府はすぐに島谷市左衛門をリーダーに任じて、探索船を派遣する。島谷をリーダーにした探索隊は、小笠原に上陸することに成功。島に祠を建立して、無人島だった小笠原が江戸幕府が統括する領地、つまり日本の国土であることを示した。

しかし、その後、幕府は文化5（1808）年に勃発したイギリス軍艦の長崎港侵入事件

「フェートン号事件」の影響もあり、小笠原群島への渡航を禁止。以降、本州から遠く離れた離島は無視されるような形で放置された。

●日米英の領有権争い

そうした江戸幕府の離島政策を大転換させることになったのが、ペリーの来航だった。鎖国が解かれると海外からたくさんの外国人が来日。西洋諸国と交わることで、江戸幕府はカルチャーショックを受けることになる。まだ領有権という概念がなかった幕府は、「日本に近いのだから、離島も当然ながら日本の領土」と楽観的に捉えていた。ところが、実質的に統治している証拠がなければ領有権を主張できないことを知らされたのである。

慌てた幕府は離島を日本の領土とするべく、統治する準備を始める。離島に人を派遣し、領有権を示す石標を立てたり、港湾施設などの造成作業を始めた。

しかし、幕府が小笠原群島に人を派遣した時は、すでに遅きに失していた。小笠原はすでにペリーに占領されていたのだ。ペリーは江戸幕府が鎖国政策を堅持する場合は、武力で強引に開国させようとしていた。その戦争に備えてアメリカ人を送り込み、補給基地としての準備を進めていたのである。

また、世界の大国であるイギリスも小笠原を狙っていた。イギリスは文政10（1827）年に小笠原の領有を宣言。アメリカやイギリスと小笠原の領有権を争うことになった幕府は、一時的に島から日本人を撤退させるしかなかった。

小笠原を巡るイザコザが続いていた一方、江戸幕府は存続の危機を迎え、やがて終焉した。そして明治日本の舵取りを新たに担うことになった明治政府は、領土の確定作業に着手した。明治8（1875）年、小笠原に灯台巡視船を派遣すると島民に領有を通告、翌年には米英にも日本領であることを宣言した。

アメリカとイギリスは、意外にも明治政府の宣言を受け入れる。アメリカやイギリスにとって、小笠原は日本以上に遠く離れた場所であった。領有するにしてもコストがかさむため、明治政府の要求を呑んだ方が得策だったのである。アメリカとイギリスは日本の領有を認める代わりに、船の通航や停泊を引き続き認めるように明治政府に要求した。明治政府がそれを受け入れると、とくに大きな衝突もなく小笠原の領有権争いに終止符が打たれたのだ。

●小笠原群島の開拓構想

晴れて日本領になった小笠原群島は内務省直轄地になった。これは、外国人問題を抱えていたために政府が直々に解決にあたる必要があったからとされている。

明治11（1878）年、伊豆諸島が静岡県から東京府に移管された。伊豆諸島は離島であ

戦前の小笠原の集落（『昭和史第７巻』毎日新聞社より）

ることから管理に経費がかかり、静岡県では面倒を見切れないという事情があったようだ。小笠原諸島も外国人問題が解決し、東京府に移管された。その頃、明治政府内で小笠原諸島を開拓しようという機運が出始める。これは、明治維新によって職を失ってしまった士族に対する失業対策の思惑が濃かった。

小笠原開拓を熱心に推進した東京府知事の高崎五六は、知事就任直後に伊豆七島と小笠原諸島の視察をしていた。それだけに離島開発への関心は高く、政府から与えられた授産金を小笠原開拓に意欲的な人物に貸与している。

高崎から授産金を受け取った一人に東京府会議員の田口卯吉がいる。旧幕臣出身者の田口は、同僚たちの窮民政策として北海道の開発を提唱しており、小笠原開拓にも意欲を燃やしていた。

だが、授産金の流れに不透明な点があったため、田口の小笠原開発は贈収賄があったのではないかと騒がれてしまう。その影響もあって、東京府主導の小笠原開発は、急速にしぼんでしまう。

それでも南洋開発に意欲的だった田口と榎本武揚は、新しい道を模索した。田口は南洋商会を設立。榎本は明治26（1893）年に殖民協会を設立した。

だが、明治23年に府知事が蜂須賀茂韶に交代したことで、田口の南洋商会は後ろ盾を失う。結局、田口は士族たちの理解を得られず、南洋商会は解散に追い込まれた。開発機関が消滅したため、伊豆七島や小笠原諸島は開拓されないまま放置された。その結果、伊豆諸島や小笠原では東京から隔絶されて、独自の文化や産業が育つことになった。

特に亜熱帯に属する小笠原では、コーヒーやサトウキビ栽培で活況を呈し、収入も潤沢だったという。現在の小笠原でも熱帯農業がつづけられており、南国フルーツのマンゴー、グアバの栽培が盛んである。

ちなみに、ペリーの上陸に際して小笠原に住みついていた外国人は、明治15（1882）年までに全員が日本に帰化している。

Episode : 05

【明治の終わりに発見された〝宝の山〟の島】

地図から消された幻の島がある？

先ほどの項目で、小笠原群島や伊豆諸島が東京都であることを述べた。では、現在（２０１６年12月）、東京都にはいくつの島があるのだろうか。

正解は、３３０島。

これは都道府県別で見ると、第六位の数である（第一位は長崎県の９７１島）。

明治以降、財政基盤が比較的強かった東京は、南洋の島々を次々と帰属させることになった。

しかし、その中には、一度は地図に記載されながらも、こつ然と姿を消した幻の島が存在するのである。

●明治以降、次々と発見された離島

本土から遠くはなれた離島は、長らく日本では手付かずの状態で置かれていた。それが注目

伊豆諸島の鳥島。現在は無人島で、東京都が管理する（写真：国土地理院）

されるようになったのは、明治時代になってのことだ。

当時の日本はまだ農業中心の経済だった。だが、農村が疲弊しており、日本の経済は停滞していた。

その打開策として政府が推進したのが、南進論だった。南方の島々を開発して、経済を立て直そうとしたのだ。

なかでもとりわけ離島の開発に熱心に取り組んだのが、榎本武揚だった。榎本は早くから南の島を重視しており、在ロシア公使時代には、スペインにマリアナ諸島を売ってくれないかと内々に打診したほどだった。

このマリアナ諸島買収計画は実を結ばなかったが、榎本は明治18（1885）年に逓信大臣に就任すると離島の開発に乗り出す。

そこで選ばれたのが、伊豆諸島の鳥島《とりしま》と小笠原群島の火山列島だった。

榎本は離島に学者を派遣し、島を調査させた。その結果、鳥島には多くのアホウドリが生息していることが判明した。

それを聞いて鳥島の開発に名乗りを上げたのが、八丈島在住の大地主・玉置半右衛門だった。玉置は回漕業で財を成した豪商で、アホウドリの羽毛が外国に高く売れることを知っていた。鳥島でのアホウドリの捕獲事業は玉置の目論見通り成功したため、その後、北太平洋の無人島探索で一山当てようとするトレジャーハンターたちが、次々と現れることになった。尖閣諸島を開拓したとされる古賀辰四郎もその一人で、古賀は尖閣諸島にカツオブシの製造工場を建設している。

明治29（1896）年には、小笠原の交易商・水谷新六が日本最東端の島・南鳥島に到達。島にはアホウドリが生息しているだけでなく、海鳥のフンが化石化したグアノが大量に堆積していた。グアノは農業用肥料の原料で、21世紀になった現在でも世界規模で争奪戦が行われているほど貴重な資源だ。

南鳥島は水谷の到達よりも前にアメリカ船（ハワイ船の説も）が発見しており、すでにマーカス島という名前も付けられていた。が、島の領有権はあやふやなままで、まだ帰属先が決まっていなかった。

日本の最東端・南鳥島。付近の海底には莫大なレアアースが眠ると言われている。

それほど貴重な鉱物資源が採掘できる南鳥島を、明治政府がほっとくわけがない。

明治31年、芳川顕正内務大臣は、発見者の名前から〝水谷島〟と名付けて日本領に組み込むことを閣議で提案。島の名称は鳥島の南にあるという理由から南鳥島とされたが、東京府小笠原庁に組み込まれることが決定した。

この南鳥島の北西に、終戦直後まで〝あった〟のが、中ノ鳥島である。

●多くの資源に恵まれた幻の島

この島を発見したのは山田禎三郎という実業家だった。明治41（1908）年、山田は小笠原に駐在していた役人に新島の発見届けを提出。届けには山田が測量した島の地図まで添えられていたので、誰もその存在を疑う者はいなかった。

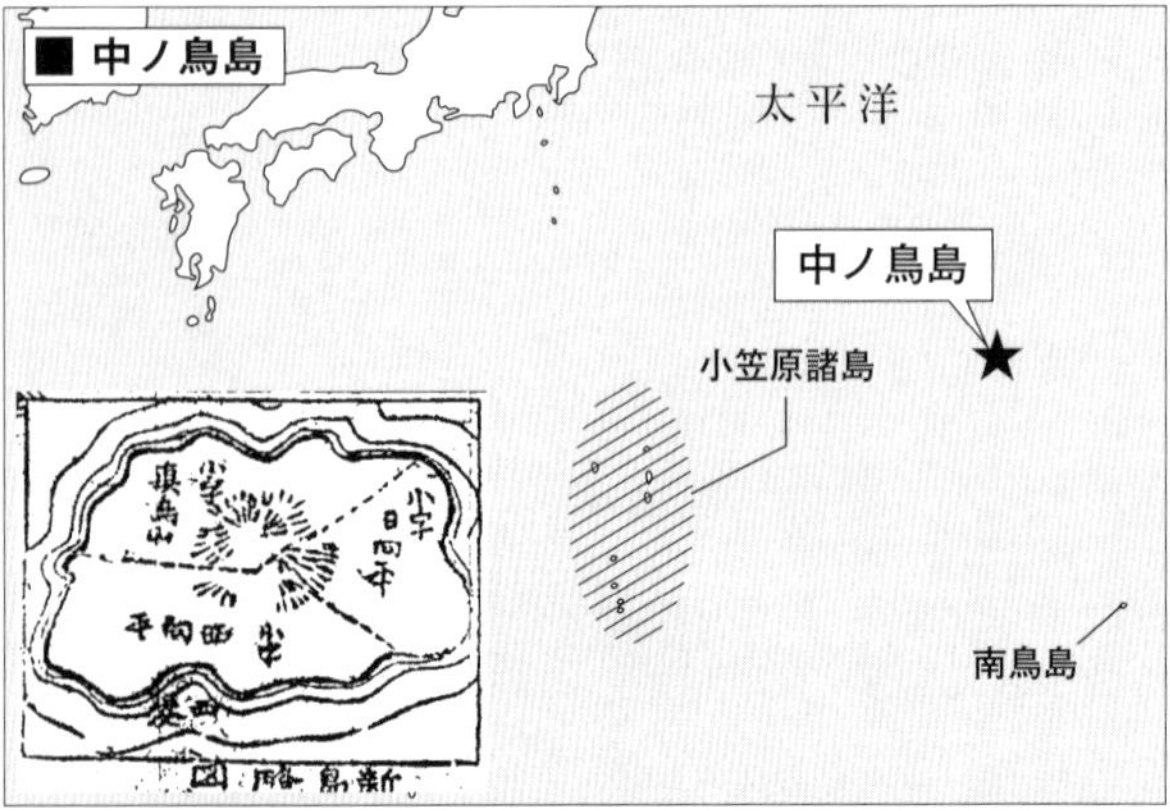

中ノ鳥島の位置と明治時代の新聞（國民新聞）に掲載された地図（左下）

東京府知事から内務大臣に渡った届け出によると、新島は外周約7キロで、面積は約2・1平方キロメートル。島は大量のリン鉱石で覆われており、１００万匹ものアホウドリが飛来するという。政府はこの島を日本の領土とし、東京府小笠原庁に組み入れ、地図にも記載するようになった。新島には中ノ鳥島という名前がつけられ、発見者の山田にはリン鉱石の採掘権が与えられた。

ところが、山田はせっかく得た採掘権を行使せず、権利が失効。その後、この島に興味を持つ実業家も現れたが、結局、中ノ鳥島の開発は行われることはなかった。

中ノ鳥島がそこまで放置されたのには理由があった。中ノ鳥島は、政府が何度も探索したのに、一度もその存在を確認できなかったのだ。大正時代後期になると、政府内では「中ノ鳥島はもともと存在しないのではないか」という意見が大半を占めるまでになったが、諸外国にわざわざ知らせるまでもないと思った政府はそのまま中ノ鳥島を地図に記載し続けた。

昭和7（1932）年には、事情を知らないイギリス海軍が香港から中ノ鳥島を経由して、横浜港に寄港すると通告してきた。慌てた政府は航海ルートに難色を示し、変更させている。

太平洋戦争の終戦後、GHQは日本の領土を指定する際、大日本帝国が作成した地図で画定作業を行った。GHQの権限がどこまで及ぶかを確認する重要な作業であったが、その中で「中ノ鳥島は日本の領土」と認定している。

このGHQの認定の影響もあり、日本国の法律や政令、省令などにも中ノ鳥島という地名が記載された。しかし、このGHQの認定はあくまで地図上でのことであり、日本政府もGHQも実際に中ノ鳥島を確認したわけではなかった。

そんな中ノ鳥島がようやく日本の海図から削除されたのは、昭和20（1945）年11月のこと。この時、一部、削除し忘れた海図があったが、それも昭和35（1960）年に修正された。条文の中の中ノ鳥島も時代を経るごとに削除されていった。

山田の発見は勘違いだったのか、それとも、山田は何らかの意図があってあえて嘘の報告をしたのか、その真意はわからない。中ノ鳥島はいま、謎とともに忘却の海に沈みつつある。

Episode : 06

【東京府から東京都に変わった舞台裏】

東京〝都〟を生んだのは戦争だった？

平成23（2011）年11月、大阪府知事だった橋下徹氏と現職の平松邦夫氏による大阪市長選が実施された。橋下氏は府知事を辞任して市長選に出馬。本来、知事が格下の自治体と思われがちな市長選挙に出ることはあり得ない。前代未聞の橋下氏の出馬は注目を集めた。結果は周知の通り、橋下徹氏が勝利を収めている。

この選挙で、橋下徹氏が掲げた政策は〝大阪都構想〟だった。内容を簡単に説明すると、大阪府と大阪市を合併し、新たに大阪都という地方自治体を誕生させるという構想である。

日本の歴史上において、これまで〝都〟という地方自治体は、東京にしか存在していない。前例がひとつしかないゆえに、大阪都構想を巡ってさまざまな誤解が飛び交った。中でも、いちばん目立ったのが、首都を東京から大阪に移すという遷都を想起させるような誤解だった。

学者ならともかく、一般市民をはじめ政治家にいたっても、〝都〟が首都を意味すると誤解

東京府と東京市の合同庁舎（昭和６年頃）

している人が少なくない。では、東京〝都〟とはいったいどういうものなのだろうか。

●戦時体制強化のための合併

東京府には大阪府や京都府、愛知県などと同様に、東京市が置かれていた。

東京市は誕生当初、15区に分けられていた。昭和7（１９３２）年、東京市は隣接した郡を編入することで市域を拡大。新たに淀橋区・杉並区・渋谷区・品川区・目黒区・豊島区・世田谷区などがつくられ、区の数は一気に35区まで増えた。昭和22（１９４７）年3月、それらが再編されて22区に縮小。これが現在の東京23区の原型になっている。ちなみに、最後に誕生した23番目の区・練馬区は、昭和22年8月に人口急増を背景に板橋区から独立する形で分離している。

東京市は戦前、目覚ましい発展を遂げており、昭和10（1935）年の時点で、人口が587万人を突破していた。当時の日本全体の人口が約7000万人だったので、総人口の約1割が東京市に集まるという、すでに過密状態にあった。

そんな東京市と東京府が合併し、東京都が誕生するのは昭和18（1943）年。合併の理由は、激化する戦争に帝都が一丸となって対応しようという、いわば戦時体制での必要に迫られた合併ということになっている。

しかし、それはあくまで建前で、本音は別のところにあった。

政府にとって、東京市というのは邪魔な存在だった。当時、東京には東京府知事と東京市長がいた。府知事が中央から派遣された官僚であるのに対し、市長は選挙で選出される市会議員から互選によって選ばれた。東京市長は民意の後押しを得ているうえ、東京府知事に比べて行政の長としてより大きな権限を有していた。そのため、東京府が東京市に命令できない、といったことがたびたび起こっていた。この逆転現象を是正したいと考えた政府や東京府は、以前から東京府と東京市の一元化を画策。戦時体制の強化という大義名分を盾にして、ようやく実現させたのだ。

政府は一元化にあたって、新しい呼称を考案。それが〝東京都〟だった。こうした経緯を見れば、〝都〟がはじめから首都を表す言葉でないことがよくわかる。〝都〟はいわば、戦争が生

けふぞ東京都進發の日

せつかちは大禁物
じつくり實行だ
大達さん初長官の

資材は'都'で引受け
活動は警視廳へ
防空にこの鐵壁陣

東京都誕生を報じる新聞（朝日新聞、昭和18年7月1日朝刊）

み落としたシステムだったのだ。

●東京都解体構想

東京に対抗するために大阪府と大阪市を合併させて大阪都をつくろう、という橋下徹市長のアイディアの評価はおくとして、東京ではむしろ東京都をやめようという逆の考えが検討されている。なぜ、都をやめるのか。それは東京〝都〟が時代遅れだという批判があるからだ。

東京の23区は、同じ区でも大阪市や名古屋市のような政令指定都市の区とは意味がまったく違う。東京23区が特別区と呼ばれるのに対して、大阪や名古屋の区は行政区と呼ばれる。呼び名が異なるだけではなく、機能にも大きな差がある。東京23区には区長と区議会があり、どちらも選挙によって選出されるが、大阪や名古屋の行政区は区議会もなければ選挙で区長も選ばれない。

東京23区は、八王子市や府中市、三鷹市といった都下の市町村とほぼ同じ権限を有するのに、ほかの市町村と異なるシステムが採用されている。それが都区財政調整と呼ばれる制度だ。

23区では固定資産税・法人区民税・特別土地保有税を東京都に上納することになっている。東京都は無条件で、この3税のうちの45％を懐に収め、残りの55％を23区に分配する。これは、各区の税収格差をなくし、均等化させる目的がある。

都区財政調整制度の配分比率は、時代とともに利率が見直されてきた。現行では45％になっているが、それでも千代田区などの都心部の区は無条件で都に税金をもっていかれることに不満を抱いている。特別区ではなく、市になれば都区財政調整の枠組みから抜け出せる。そうなると、千代田区はこれまで都区財政調整制度で年間約３５００億円を無条件で召し上げられていたが、それらが自主財源になる。

こうした動きは千代田区だけではない。23区が共同で設立した特別区協議会も「都区制度は時代遅れ」だとして、独立した自治を求めて、特別区から市への昇格を目指している。

都になりたいと言い出した大阪と、都制度をやめたいという意見がある東京。どちらも街の発展につながるアイディアとしているが、その方向性はまったく逆であることが何とも興味深いところである。

Episode : 07

【東京の瓦礫はどこにいったのか？】

関東大震災・戦災の瓦礫の処分法は？

平成23（2011）年の東日本大震災は、日本の災害史上でも特筆される大災害となった。現在も東北地方は復興が進められているが、いまだ処分に困っているのが震災で大量に出た瓦礫だ。

東京は関東大震災や戦災を経験している。そのときに排出された瓦礫は、どのように処分されたのだろうか？

●関東大震災での瓦礫の処分法

関東大震災で被災した多くの家屋は、東日本大震災と違って、津波で破壊されたものではなかった。それらは地震の揺れや火事で倒壊・焼失したものだったので、当時は震災瓦礫を灰燼《かいじん》と呼んだ。これは戦災で出た瓦礫も同様である。

震災によって排出された灰燼は、日常生活で排出されるゴミとは厳密に区別された。日常生活で排出されるゴミは塵芥《じんかい》（ごみと読む場合もある）と呼ばれ、これらは法律に則って清掃業者が処分している。

関東大震災で被災した東京市はとてつもない量の灰燼に頭を抱えた。横浜市も大量の灰燼が山積していたが、これらのほとんどは海の埋め立てで何とかなった。横浜市から排出した灰燼で造成されたのが、日本初の臨海公園として知られる山下公園だった。

東京市は横浜市にならって、東京港の埋め立て事業に震災灰燼を使った。そうして誕生したのが、現在、築地市場の移転先に浮上している江東区の豊洲地区だ。豊洲の造成以外では浜離宮一帯の埋め立ても行われた。

しかし、大正12（1923）年の東京は人口も家屋の数も横浜とは段違いに多かった。灰燼の量は、東京市だけで731万立方メートルにもなった。当然ながら、それだけの灰燼を豊洲の造成や浜離宮の埋め立てだけで使いきれるはずもなかった。

そこで、東京市は本所区・深川区のかさ上げ工事に灰燼を活用することにした。本所区・深川区はかつて存在した区で、本所区は現在の墨田区南部、深川区は江東区北西部にあたる。両区周辺は昭和30年台まで川の手と呼ばれるエリアで、海抜ゼロメートル地帯だった。台風や集中豪雨のたびに、浸水などの被害を受けていたのだ。

■ 東京湾の埋立地の変遷　※国土交通省関東地方整備局の図を参考に作成

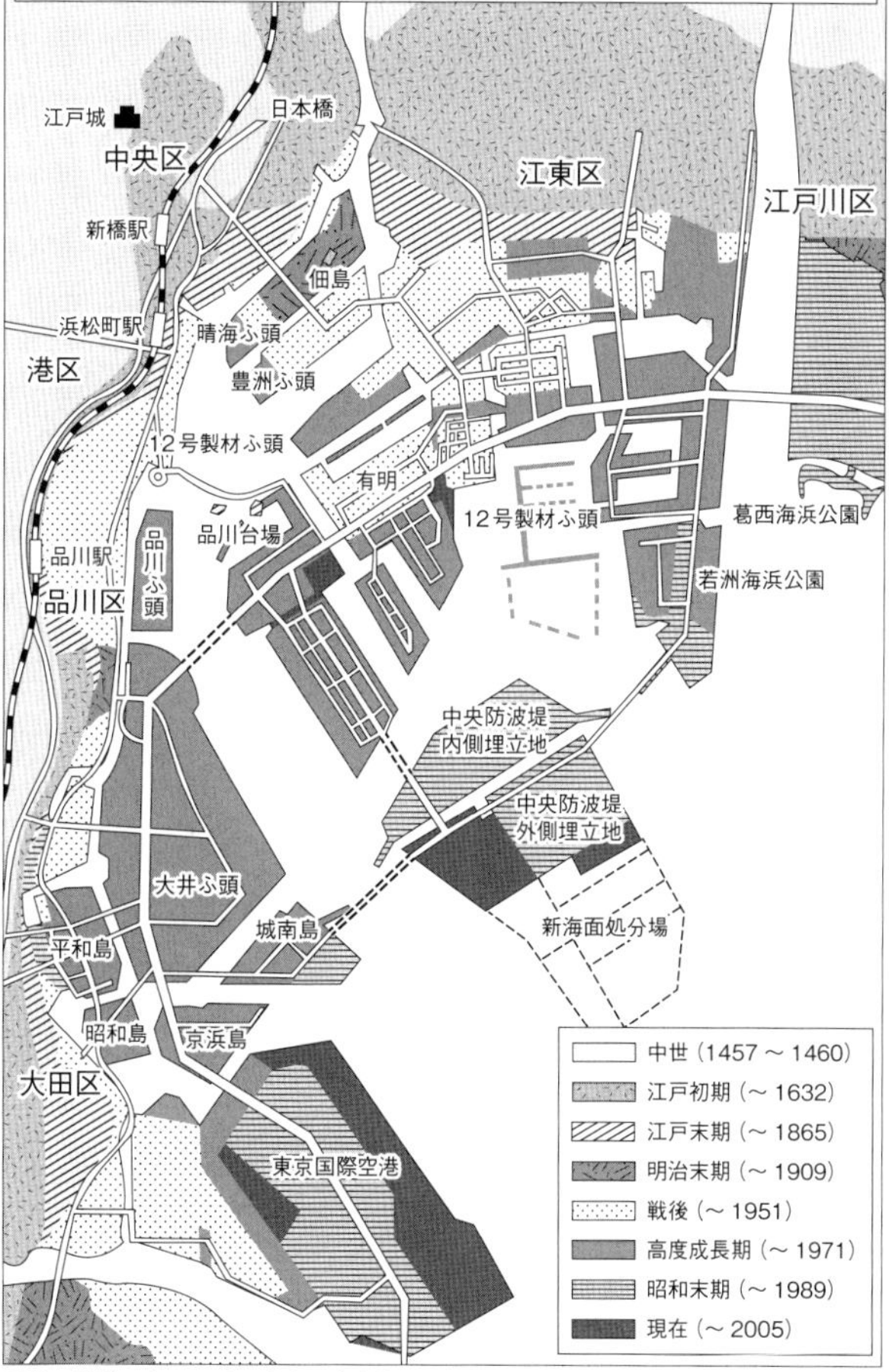

震災や戦災で出た瓦礫、残土、廃棄物などで長い年月をかけて埋め立てられてきた。

現在でも江戸川区辺りには、海抜ゼロメートル地帯があるため、江戸川や荒川の流域にスーパー堤防をつくろうという計画が進められている。近頃の東京では浸水被害をあまり耳にしなくなったが、東京の湾岸エリアは水との戦いの歴史を送ってきたのだ。

本所・深川のかさ上げ用土砂として利用されるまで、東京の灰燼は道路の端に置かれた。そのまま放置されていると当然ながらハエが湧き、悪臭を放つようになる。衛生的な観点から当局は早く灰燼を処理したかった。そんな厄介者の灰燼であったが、東京市民にとっては宝の山でもあった。

当時、鉄をはじめとする金属類は、かなりの高値で取引された。そのため、灰燼の山から鉄くずをくすねる者が出没するようになる。そのうち、上流階級の家庭の灰燼からダイヤモンドが発見されたという噂まで飛び出す。震災で仕事を失った市民の中には、灰燼での宝探しに熱中する者も少なからずいたといわれる。

●太平洋戦争での瓦礫の処分法

関東大震災から22年、東京に再び難題がつきつけられた。戦災復興である。

東京の街は、連合軍のたび重なる空襲で焦土と化した。家屋は焼失し、道路や橋梁なども破壊された。終戦後、政府は戦災復興院を立ち上げるが、まっさきに取り組まなければなら

かつて中央区銀座周辺にあった河川。戦災の瓦礫処理などで埋め立てられた。

なかったのが、戦災瓦礫の処理だった。

戦災で出た東京の瓦礫の量は、約３０００万立方メートル。これだけの量の瓦礫をそう簡単に処分できるものではない。関東大震災の被害は東京や横浜に限られていたが、戦災は日本全土に及び、各地で大量の瓦礫が出ている。他県に持ち込んで処分してもらう、というのも難しい状況だった。

瓦礫処理を担当したのは、環状道路計画（63ページ）を立案した石川栄耀だった。石川は瓦礫の処理費用を賄うために、瓦礫で河川に埋め立て造成した土地を売却するビジネスモデルを考案する。昭和22（１９４７）年、石川は手始めに東京駅前の外濠に瓦礫を搬入した。そして、三十間堀川や東堀留川などを次々と埋め立てた。

石川は繁華街としてにぎわっていた銀座にも躊躇なく瓦礫を運び、街を分断していた外堀川と京橋川を埋めた。外堀川は千代田区と中央区を隔てる区境になっていたが、埋め立てによって陸続きになった。銀座の埋立地には、銀座ナインという商業施設が建設された。銀座ナインは区の境目に建てられたため、いまだに中央区と千代田区が帰属を争う、住所不確定の地になっている。四ツ谷駅のすぐ横には、上智大学が運動場として利用している真田濠がある。これも戦災瓦礫を埋め立てて造成した土地だ。こうして、東京の川や堀はどんどん埋められて、その姿を変えることになった。

東日本大震災では、震災瓦礫を活用した防潮堤の建設といった計画が進んでいる。だが、福島県の震災瓦礫は放射能を浴びているのではないかと心配する声もあり、瓦礫受け入れを拒否する地方自治体もあって、震災瓦礫の処理は遅々として進んでいないのが現状だ。

しかし、東京のように瓦礫を有効利用して都市改造につなげた前例がある。東日本大震災の瓦礫も、うまく処理されることを期待したい。

Episode : 08

【重要施設を敵から隠す〝戦時改描〟】

戦時中の地図に謎の畑があった？

明治の日本にとって、帝都をいかに守るかは重要な課題だった。

ペリー来航を契機に、徳川幕府は品川台場などに東京湾防衛施設を整備した。明治政府でもお台場の湾岸整備は続けられた。明治17（1884）年には、東京湾内で海堡の建造を開始している。

海堡とは、海上に造成した人口島の要塞のことを指す。

東京湾には第一から第三までの海堡が建造された。しかし、大正12（1923）年の関東大震災で崩壊。当初は補修して再活用することも考えられたが、第一海堡を除き、復旧が難しいと判断されて使用不可のままで放置されることになった（第一海堡は後の太平洋戦争で空襲を受けて破壊された）。

●軍都化が変えた東京の地図

東京湾は帝都防衛の要衝であったため、明治期から昭和の戦前期にかけて湾内だけでなく、海沿いの陸上にも多数の軍事施設が造られた。それらの多くは、江戸城をぐるりと囲むように配置されていた大名屋敷の跡地を活用したものだ。また、海沿いだけでなく、日比谷や青山、代々木にあった広大な大名屋敷は、明治維新後に練兵場に姿を変えた。帝都は政府が総力を挙げて守る都市であり、東京は軍事施設が集中する軍都になった。

明治4（1871）年には、天皇を守るための軍隊「御親兵」が組織され、翌年に近衛兵《このえへい》と改称された。この近衛兵を端緒に東京の至るところに軍事施設がひしめくようになると、その周辺には軍需工場や化学工場が造られることになる。

東京が軍都化し、大きく変わったのが地図だった。

軍事施設は重要な国家機密、どこになにがあるかわかってしまうと、戦争でまっさきに攻撃を受けてしまう。そうした事態を防ぐために、東京の地図には工夫が加えられることになった。

では、どのような工夫をしたのか。

地図はそもそもそれ自体が国家機密で、地図の作製は陸軍測量部に任されていた。当初、陸軍は重要な施設がある場所を意図的に隠す〝省略改描〟を採用した。省略改描というのは、隠したい重要施設を空白地に描き換える手法だ。このとき重要施設として省略改描されたのは、

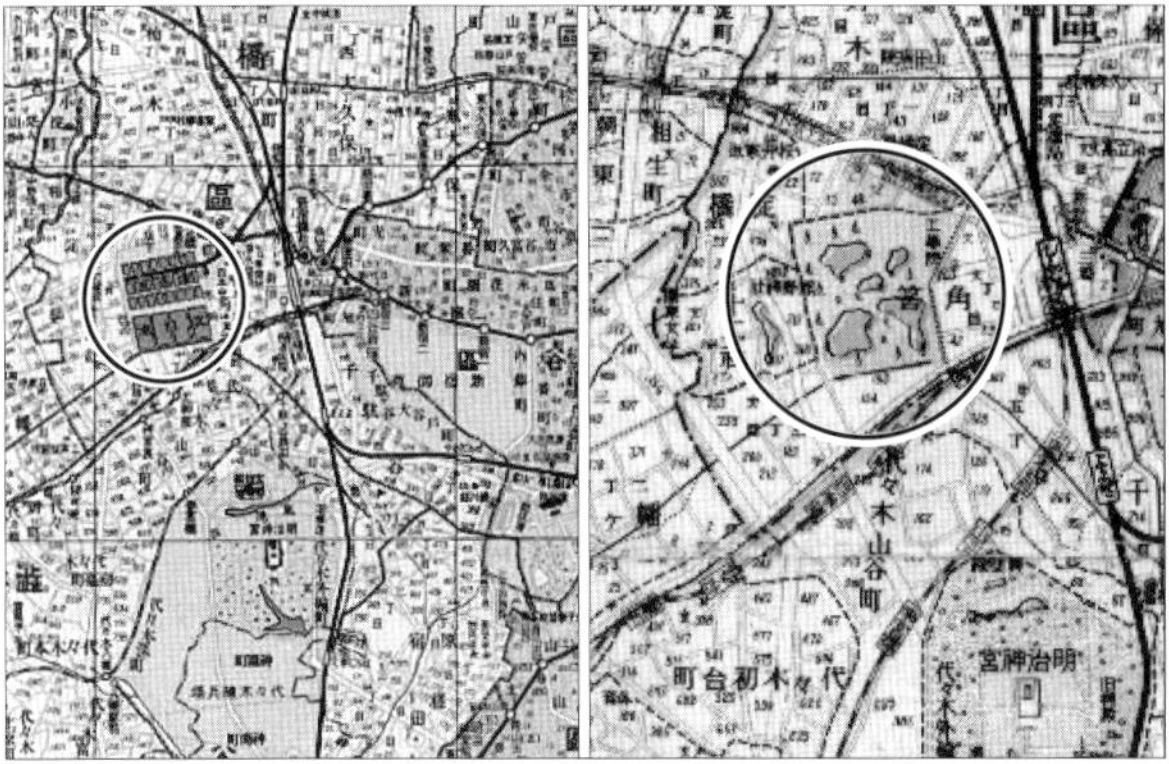

戦時改描の例。新宿駅のほど近くにあった浄水場（左地図の○で囲った部分）が、戦時改描によって右地図のように描きかえられている。

軍需工場だけでなく、宮城や東宮御所などがあった。

しかし、この方法では問題があった。重要施設を描き換えていくと、都心部に広大な空白地帯ができてしまったのだ。東京の中心部が空き地だらけ、というのはいくらなんでも不自然すぎる。そこで陸軍は〝省略改描〟をやめて、架空の茶畑や果樹園として描くことにした。

重要施設を地図から隠す行為は、明治32（1899）年に公布された軍機保護法によって正当化される。軍機保護法は、昭和12（1937）年に全面改正、適用される範囲は広がり、厳格化した。改正された軍機保護法では駅や港湾、発電施設、浄水場なども保護される対象になった。そして、軍事施設が近隣にあることが察知できる「○○火薬庫前」「○○飛行場前」といった駅名も強制的に改称させられている。その結果、地図で見る東京は畑だらけになってしまった。

こうした改描は現代でいえばインテリジェンスにあたる。現代の戦争はインテリジェンス、いわば諜報が勝負のカギを握るといわれる。それだけに、日本陸軍が地図を改描して敵国を欺こうとした作戦は、戦略上重要だった。

●アメリカ軍の極秘作戦

しかし、こうした陸軍の思惑にアメリカは引っかからなかった。

それどころか、アメリカは日本の戦略を察知して、それを上回る作戦を実行していた。それが〝トレーシー〟と呼ばれた捕虜収容所だった。

昭和18（1943）年、アメリカ軍はカリフォルニア州郊外に、極秘の捕虜尋問所を設置した。終戦までの約2年のあいだに、トレーシーに連行された日本兵は2300人を超えたと言われる。アメリカ軍はここで日本兵を尋問し、重要な軍事機密を聞き出して情報を整理・分析した。そして日本軍の戦力を把握し、効率よく攻撃できるように作戦を立てたのだ。

トレーシーの存在はトップシークレットで、一部の限られた人間しか出入りできなかった。尋問所までの道は幾重にも検問が設置されており、アリの子一匹も逃さないほど厳重な警備体制がとられていた。不要な者が立ち入らないよう、外部との連絡は最寄りの郵便局に開設した

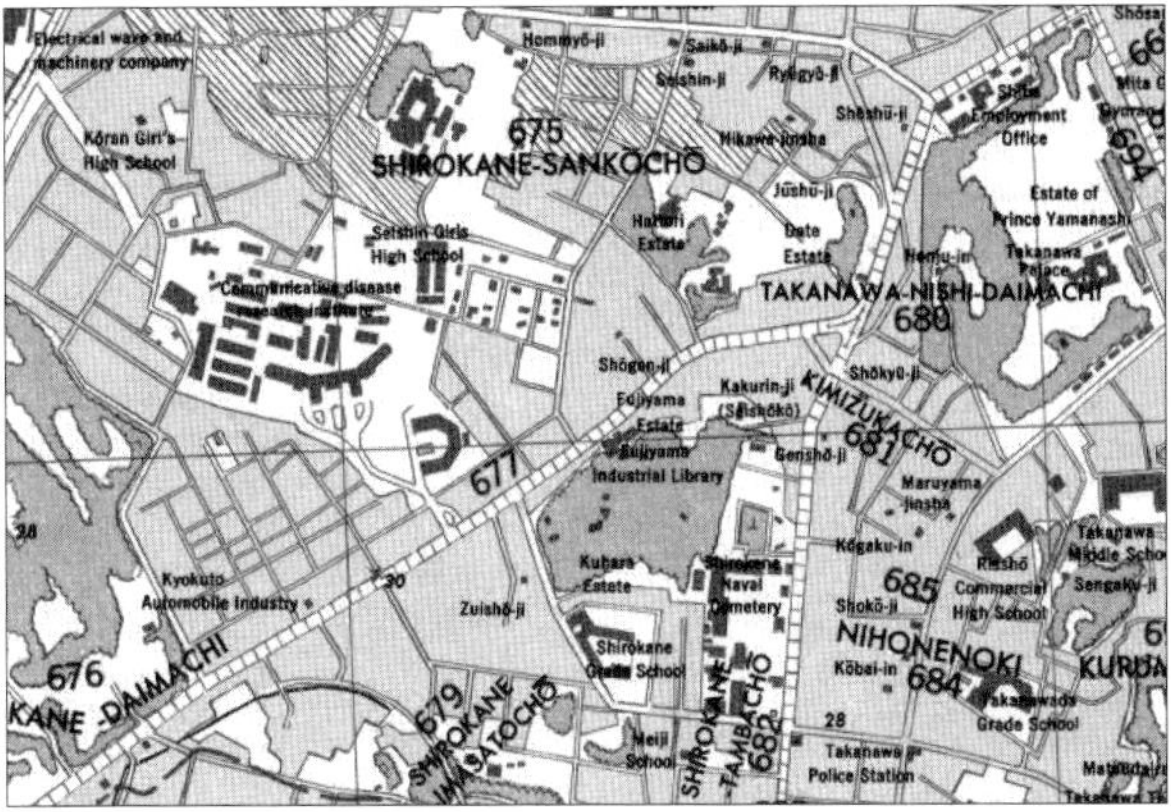

アメリカ軍が作成していた地図（1946年）。驚くほど細密に作られている。

私書箱を通して行うなど、徹底して存在が隠された。

トレーシーは、終戦後も長らく隠蔽されてきた。なぜ、それほどまでに隠さねばならなかったのか。

その理由は、トレーシーで捕虜の会話の盗聴を行っていたからである。

盗聴は捕虜の待遇などについて取り決めたジュネーブ条約に反する行為である。盗聴していることが外部に漏れれば、国際的な非難にさらされることは間違いない。だからこそアメリカ軍は絶対にトレーシーを隠しておく必要があったのだ。

では、トレーシーではいったいどのようなことが行われていたのか。

アメリカ軍は尋問や盗聴で捕虜から得た情報をもとに、日本の重要施設をスケッチで再現していった。作成されたスケッチは1000枚以上にもなり、横須賀や佐世保などの軍港、熊谷・立川・岩国などの航空基地、川口や名古屋の軍需工場など多岐にわたった。

アメリカ軍の情報収集に傾ける情熱は、すさまじいものがあった。スケッチは日本国内にとどまらず、日本の統治していた朝鮮や満洲国も作成された。驚くのはトレーシーで作成されたスケッチナンバー809番の宮城だ。北の丸にあった近衛師団司令部、弾薬庫、皇子・皇女の住まいとなる呉竹寮などの配置も詳細を極め、終戦の聖断が下される御前会議が開かれた防空壕まで描かれていた。ここまで詳細に宮城をスケッチしていたということは、アメリカ軍はピンポイントで宮城を空爆することも可能だったことを意味している。

空爆対象となる重要施設をスケッチすることで、アメリカ軍の空爆の精度は上がった。それは、燃料や弾薬の節約にもつながる。太平洋戦争の日本の敗因は、化石燃料に乏しい日本が、戦争の長期化で石油などが欠乏したことだという指摘がある。

そうした指摘は正しいが、アメリカ軍も燃料を無限に持っていたわけではない。トレーシーの尋問によって描かれた重要施設のスケッチは、いわばアメリカ軍による情報戦の勝利と言うべきものであり、その成果が戦争の省エネ化を実現させたのである。

Episode : 09

【国会議事堂前に立ち並ぶデペンデントハウス】

霞が関が米軍住宅に占拠された？

昭和20（1945）年8月15日、日本国民は玉音放送を通じて終戦を知らされた。だが、日本国民には敗戦のショックで茫然自失になっているヒマはなかった。アメリカ軍やイギリス軍からなる連合国軍が日本に乗り込んできたからだ。

連合国軍の総司令部、GHQは矢継ぎ早に自分たちの住居や事務所となる建物を接収した。

東京は空襲で焼き尽くされていたが、丸の内や日比谷のオフィス街には、外壁が焼失しただけで機能喪失を免れた建物があった。GHQはそうした使えるオフィスに各種の事務所を置いた。その一方で、占領軍の軍人の住宅にするために、個人住宅の接収も行われたが、GHQはこちらには頭を悩ませた。日本の家屋と欧米の家屋では構造がまったく違っていたからだ。

一部の政財界関係者は、洋風建築で家を建てていて室内も洋風、調度品も洋風だった。しかし、終戦直後の日本の住宅は、ほとんどが畳を中心とした和室だった。そのままでは、占領軍用の住宅としては使えない。占領軍用の住宅は圧倒的に足りなかったのだ。

●進駐軍の住宅を整備せよ！

そこでGHQは、約1万6000戸にもなる占領軍用の住宅の建設を日本政府に命じた。占領軍の家庭用住宅はデペンデントハウスと呼ばれる集合住宅で、量産しやすいよう、簡易な設計になっていた。集合住宅の周囲には小中学校や礼拝堂、診療所、クラブ、劇場などの施設も造られた。

占領軍の住宅建設に使われた費用は、約40億円。これは政府が敗戦処理費として計上していた予算190億円のおよそ5分の1にあたる。政府は負担を少しでも軽減しようと、占領軍の住宅を広大な空き地と化していた軍用地の上に造った。

GHQの要求は止まるところを知らず、政府は昭和22（1947）年に特別調達庁という省庁を新設。特別調達庁は、GHQおよび日本政府が求める建物の建造や設備の営繕、物資の調達などを任務とする省庁で、いわば〝GHQのパシリ〟のような屈辱的な役回りを演じさせられた。

初代特別調達庁総裁には、戦災復興院次長からスライドして重田忠保が任命された。2年ほど重田が総裁を務めると、後任は2代目復興院総裁を務めた阿部美樹志に替わった。こうした

霞が関につくられたリンカーンセンター。写真左に国会議事堂が建っているのが見える。（小泉和子編著『占領軍住宅の記録〈上〉』住まいの図書館出版局より）

人事を見ると、特別調達庁と戦災復興院は裏で資材や人材などを融通し合っていたことがうかがい知れる。

日本政府はＧＨＱの要望に応え、デペンデントハウスの建設を進めた。とは言っても、欧米諸国の個人住宅を建設した経験がないため、占領軍が満足するような家を簡単につくることはできなかった。

デペンデントハウスの担当者は、まず小規模なパレスハイツの建設から取り掛かった。パレスハイツは三宅坂の参謀本部の敷地に建設された占領軍住宅で、返還後の跡地には最高裁判所や国立劇場などがつくられた。続いて、現・参議院議員公舎になっているジェファーソンハイツ、リンカーンセンターなどが建設された。

霞が関のリンカーンセンターは、国会議事堂前に占領軍住宅が立ち並ぶという、印象的なデペンデントハウスだった。リンカーンセンターを撮影した写真がわずかに残っているが、それらを見ると現在の国土交通省庁舎や国会前庭の場所に建てられていたことがわかる。リンカーンセンターは、国会議事堂と皇居の緑が同時に眺められるロケーションにあり、日本がＧＨＱに占領されていることを実感させるものだった。

●大規模な住宅も建設

初期の占領軍住宅は都心部に小規模で建設されたが、次第にアメリカなどから建築資材が運びこまれるようになると、大規模な占領軍住宅が建設されるようになる。

まず白羽の矢が立ったのは、日本陸軍が使用していた代々木練兵場だ。約27万平方メートルの敷地に、８２７戸の住宅が起工された。代々木練兵場の占領軍住宅はワシントンハイツと呼ばれた。

ワシントンハイツは東京オリンピックの開催が決定すると、日本に返還され、選手村として利用された。それまで代々木の広大なエリアにアメリカ兵などが公然と生活していたのである。

日本陸軍の成増飛行場の跡地には、総戸数１２６０戸のグラントハイツがつくられた。グラントハイツが返還されるのは、ワシントンハイツよりも後の昭和48（１９７３）年。全面返還された後は、光が丘団地や光が丘公園などが整備されている。

代々木練兵場跡地に建てられたワシントンハイツ（© 毎日新聞社）

日本政府が苦労したのは、占領軍住宅の建設における敷地の問題や建築資材の確保ばかりではなかった。当時、すでに欧米では電気が一般家庭にも普及しており、家電や暖房器具などの電化製品を使っていた。

日本ではまだ電化製品の使用は一部の上流階級に留まっており、一般家庭には普及していなかった。GHQは日常生活での電化製品の使用は当然のこととして住宅の電気設備の充実を求めた。占領軍住宅で電化製品を頻繁に使用されたら、電力供給が追いつかなくなる。これから発電所を建設しても間に合わない。日本政府はGHQに泣きを入れて、住宅の電化を補うガスやスチーム設備をつくった。

〝勝てば官軍〟の例え通り、占領軍は至れり尽くせりの生活を送ることができた。日本という遠い異国にやってきたアメリカやイギリスの兵士たちは、本国にいては体験できないような贅沢な生活を送った。

占領軍の兵士たちは、遠方地に旅行に出かける際も特別な車両を仕立てることができた。混雑する車内を横目に、ＧＨＱの兵士たちはゆったりとシートに身を沈め、優雅に旅行を満喫した。これらはすべて特別調達庁の手配によるものだった。

占領軍のリクエストは、日に日にエスカレートした。特別調達庁には芸能課という部署があり、ＧＨＱが今夜はバンドの生演奏を聞きたい、とリクエストすればお気に入りのミュージシャンが占領軍住宅のクラブハウスまでやってきて演奏した。ジャズの演奏に飽きれば、十二単や居合抜きといった日本の伝統ショーをリクエストすることもできた。事前に予定されていた公演をキャンセルして、急遽、ほかのショーに変えることもあった。これらのショーの費用は、すべて日本政府の財布から支払われた。だから占領軍の兵士たちはためらいもなく、高額なギャラで無茶な出演オファーを連発した。

占領軍が謳歌したわが世の春も、昭和27（１９５２）年のサンフランシスコ講和条約によって終わりを迎える。昭和31年、経済白書に「もはや戦後ではない」という記述が入って話題を呼んだ。それから60年以上経ったいまでも、アメリカ軍は横田基地などをそのまま使い続けている。日本が戦争に敗北した傷跡は、いまでも東京に残っているのだ。

Episode : 10

【東京復興計画の影に消えた幻の環状道路】

環状三号線はなぜ存在しないのか？

東京23区の外側をぐるりと回る環状道路は、神奈川県方面から埼玉県方面、茨城県方面から東京多摩地区へと抜ける迂回路としての役割を担っている。

東京の環状道路は、外側から環状八号線、七号線、山手通り（環状六号線）、明治通り（環状五号線）、不忍通り（環状四号線）という具合に並んでいる。ちなみに、環状二号線は外堀通り、環状一号線は内堀通りである。

こうして並べてみると、東京の環状道路の奇妙な点に気づく。環状三号線がないのだ。なぜ、環状三号線が抜けているのか。まさか、道路関係者がど忘れしていたのか。実のところ、道路関係者のチョンボでもなんでもなく、環状三号線は未完のまま放置されているのだ。

東京メトロ丸ノ内線の茗荷谷駅は、春日通りと接している。駅を出て、この春日通りを南東に200メートルほど進むと、左手に幅員の広い坂道が現れる。片側二車線で中央分離帯に

環状三号線・播磨坂。桜の名所としても知られている。

大きな桜が植樹されている。この道路は播磨坂という名前が付けられているが、全長わずか500メートルほどしかない。突如として姿を現す幅員の広い道路が、どうして500メートルでブッリと途切れているのだろうか。

●東京復興計画と環状線

この道路が誕生した原因は、関東大震災からの復興事業にある。関東大震災の復興事業を指揮したのは、後藤新平だった。

後藤には台湾や満洲において、都市経営を任された実績があった。内務大臣兼任で帝都復興院総裁に就任した後藤は、東京の近代化に熱意を燃やす。大正8（1919）年には、都市計画法が制定され、法律面で都市改造の素地は整った。後藤はもとに戻すのではなく、新しく造り変えるという意気込みを表し、〝復旧〟ではなく、〝復興〟であると強く打ち出した。そして各界から優秀な人材をスカウトし、東京の復興にとりかかった。

復興の第一歩は、焦土と化した土地を買収し、東京を大改造することだった。

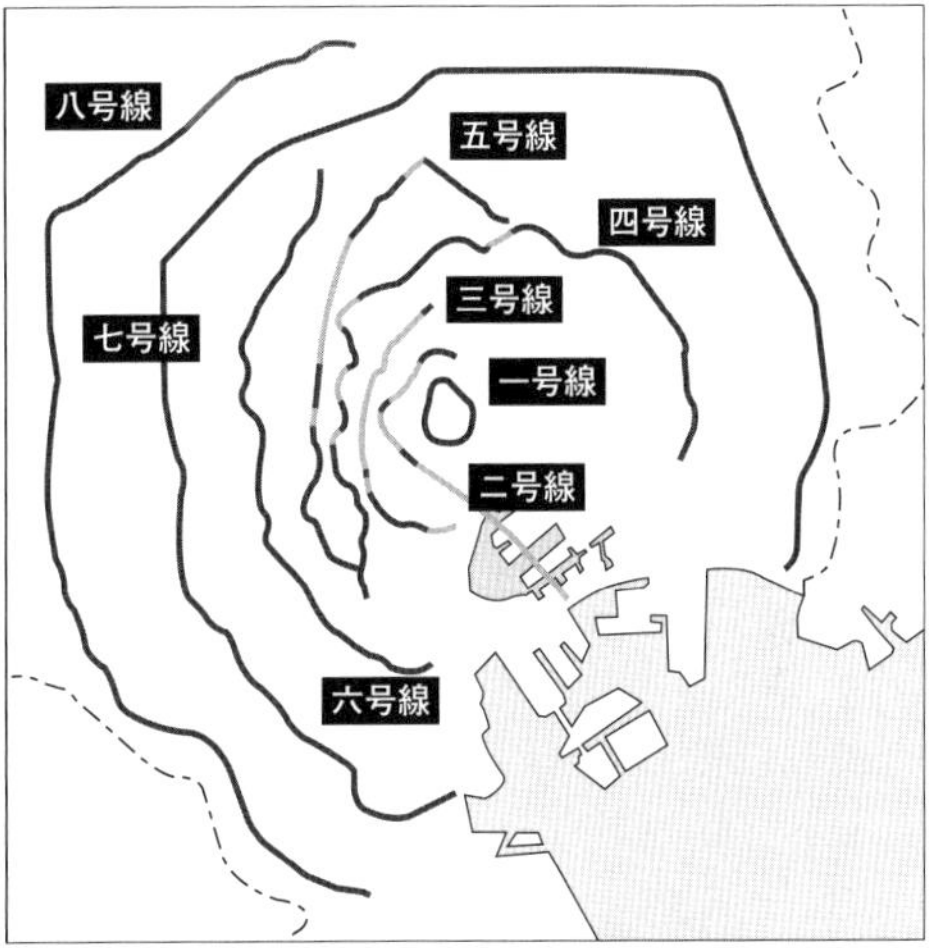

東京の環状線略図。三号線もごく一部だけ作られている。

このとき、すでに東京の外縁部をぐるりと回る環状一号から環状八号までの環状道路の計画が盛り込まれていた。

後藤が復興のために必要とした予算は、当時の金額で50億円。復興のためとはいえ、あまりに法外な予算に政府内から反発の声が上がる。後藤の計画は理解を得ることができず、予算は段階的に削減され、結局、約5億7000万円にまで縮小した。

その影響を受けたのが、環状三号線だった。環状三号線は全く手付かずのまま、幻と消えたのだ。

時代を経て、昭和20（1945）年、焼

け野原と化した終戦後の東京を再建すべく、戦災復興院が発足する。復興院の初代総裁には、阪急グループ総帥の小林一三が就任した。

小林は戦災復興事業を国が前面に立って進めるのではなく、都道府県市町村が主体的に実施することを理念として掲げた。そのため、戦災復興事業は各都市のリーダーの資質に大きく左右されることになった。当時の東京都知事・安井誠一郎は都市計画にあまり熱心ではなかったらしく、東京のまちづくり事業は、現場単位で当たることが多かったようだ。

その中で類まれなる手腕を発揮したのが、内務省から東京都の職員になっていた石川栄耀である。歌舞伎町の名付け親としても知られる石川は、このままでは復興後に東京の街が飽和状態になることを予見。周囲に衛星都市をつくろうと考えた。そこで出てきたのが、関東大震災からの復興時に計画された環状道路だった。都心一極集中を防ぐ環状道路は、まさに石川の都市計画に合致していたのである。

石川はさっそく環状道路を取り入れた復興計画を練り上げる。

しかし、それを目にしたＧＨＱが烈火のごとく怒り出した。

計画があまりにも立派すぎるというのだ。特に槍玉に挙がったのが環状道路だった。ＧＨＱは立派な環状道路は敗戦国に馴染まないと難色を示した。

敗戦直後の日本において、ＧＨＱの指令に逆らうことはできない。こうして、東京の復興事

昭和 60 年に全通した環状七号線。写真は目黒区柿の木坂周辺（写真：国土地理院）

業は、主要駅に駅前広場が整備されるぐらいに留まった。環状道路の計画は、またも棚上げされてしまう。

しかし、小石川の住民は復興事業への理解があり、計画が発表されるや否や、いち早く環状三号線を着工していた。先に紹介した播磨坂はそこで作られたものだったのだ。

●戦後によみがえった環状道路計画

GHQにストップをかけられた環状道路計画は、占領政策が終了してから再び息を吹き返す。東京オリンピックの開催が決まると、急ピッチで環状道路は造られていった。オリンピック開幕までに全線開業は間に合わなかったが、オリンピック閉幕後も環状道路の建設は続いた。

東京オリンピックによって環七・環八は、国際

環状八号線・世田谷区千歳台周辺。小田急小田原線と交差している（写真：国土地理院）

都市・東京の道路の象徴として機能した。他方で自動車が撒き散らす排ガスが公害の象徴になってしまう。昭和47（1972）年には、練馬区内で光化学スモッグが発生。これが契機となって市民団体が東京都に陳情書を提出するなどの大きな社会問題にもなり、昭和50年には、東京都の副知事や各部局長、住民団体代表による環七対策会議が設置されている。

環状七号線の対策は、行政と住民の代表などによって組織される環七対策室による協議が重ねられて、環境改善が図られた。また、昭和55年には幹線道路の沿道の整備に関する法律も施行される。同法によって、幹線道路の騒音や振動、排ガスなど生活環境を悪化させないように配慮が求められることになった。

環七は昭和60年に、環八は平成18年になってようやく全通した。ＧＨＱの方針に反して環状道路を早期に完成させていれば、東京の渋滞はもっと早期に緩和し、重大な行政課題にならなかったかもしれない。

現在、ペースを落としながらも環状道路づくりは粛々とつづいている。環状二号線に該当する外堀通りの虎ノ門から新橋に至る区間の工事が凍結されていたが昨今になってようやく再開し、虎ノ門ヒルズの下を潜るようにして環二が完成。残るは、築地市場を移転させた後につくられる部分だけとなっている。

部分開通を果たすたびに、環状二号線は新聞やテレビに「マッカーサー道路が開通」と報じられる。事の経緯を鑑みれば、環状二号線はマッカーサーやＧＨＱが反対していた道路だから、〝マッカーサー道路〟というネーミングは皮肉としか言いようがない。

だが、放置されたままの環状三号線は、おそらく今後も全線開通することはないだろう。それどころか、わずかに建設された区間も、再開発の波に飲み込まれて消し去られてしまう可能性もある。播磨坂の桜は、東京の復興に燃えた政治家や実務家たちの思いを咲かせているのかもしれない。

Episode : 11

【大イベントの裏であった町名改革】

なぜ東京の町名は消えたのか？

かつて花街としてにぎわった新宿区の神楽坂。一帯を地図で眺めてみると、ほかのエリアと比べて、やたら細かく地割がなされており、多くの町名があることに気づかされる（次ページ）。

たとえば、同じ新宿区内を見てみると、新宿という町名は一丁目から七丁目まであり、その他にも西新宿や北新宿といった町名まである。いわば新宿で〝天下統一〟されているのに対し、神楽坂一帯では神楽坂一丁目から三丁目はあるものの、その他は○丁目となるような住所は見当たらない。白根町、東五軒町、津久戸町、横寺町、矢来町といった具合に群雄割拠の様相を呈している。どうして神楽坂周辺はそうなっているのか？

●地名はどう決められた？

その答えの前に、そもそも〝住所〟がどのように決められたのかを踏まえておく必要がある。

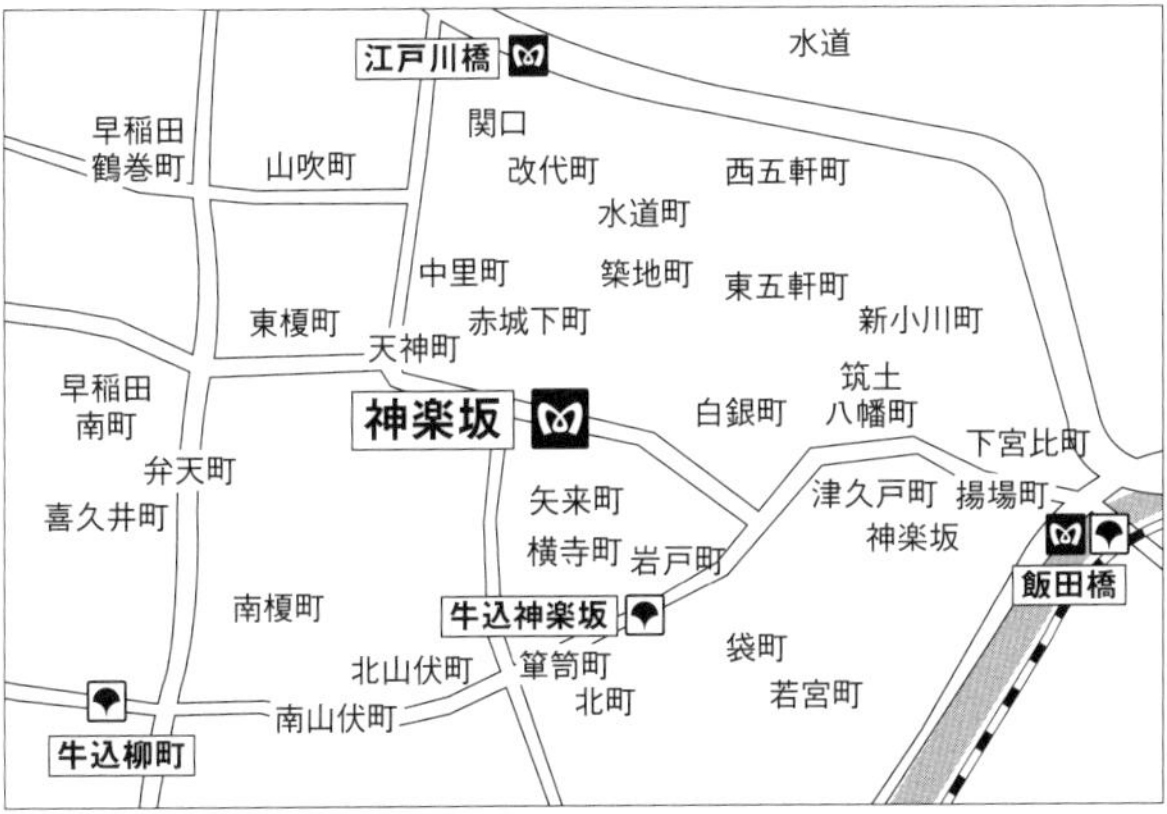

神楽坂周辺の町名。非常に細かく町名が分かれている。

徳川の治世、武士と町人、社寺など身分によって住む場所は明確に区分されていた。武家地には所有者という概念がなく、そのため税金は課されていなかった。

明治政府は明治4（1871）年に武家地と町人地の区別を撤廃。身分による居住エリアの制限をなくし、全国くまなく課税する方針を決定した。

明治6年に、地租改正条例が公布されると、税金をきちんと徴収する必要性から土地を測量し、地番がつけられた。やがて、広大な敷地を持つ大名が、生活に困窮して土地を切り売りするようになった。そのため、明治期は東京の不動産が次々と分筆されていくことになった。

○○町一番地で済んでいた住所は、一丁目一番一号や一丁目一番二号と、次々に枝分かれしていったのだ。

●オリンピックが消した地名

当時の東京には、現在の神楽坂付近のように、数多くの町名が細かく存在していた。しかし、それがある出来事がきっかけで一変する。そのきっかけとは、昭和39（1964）年の東京オリンピックだった。

東京オリンピックという世界的なイベントを控え、当時の行政は全国の住所をわかりやすく整理するよう、各地方自治体に指示を出した。オリンピック開催ともなれば、世界中から日本に観光客がやってくる。彼らが観光しやすいよう住所をわかりやすくする狙いがあった。

昭和37（1962）年に「住居表示に関する法律」が制定される。もともと住所が複雑で、郵便配達や電気・ガス・水道など公共料金の徴収などに支障をきたしていたこともあり、東京を始め、全国の住所は、一部を除いて住民との協議も行われず、次々と単純化されていった。

東京都では町名を変える際に指針を作り、それに基づいて町名を変更した。その指針を作ったのは、内務省の元職員で、昭和30（1955）年に発足した町名地番整理研究会理事長の小栗忠七だった。

小栗は「住所はわかりやすい〝暗号〟であるべきだ」と考え、町名の伝統や歴史などはほとんど考慮しなかった。町名地番整理研究会は公的な機関ではなかったが強い影響力を持ち、昭和36年に首相の諮問機関として発足した「町名地番制度研究会」は小栗たちの方針を色濃く反映した。

こうした強引な手法に、当然、反対の声も上がった。

とくに顕著だったのが、山手線の駅があり、全国的にも知名度が高い有楽町である。東京都の町名変更の指針では、○丁目とつく場合は、○○町という町名は避けるよう定められていた。そのため、有楽町は「町」が外され、「有楽」という町名に変更させられる可能性が高かった。それに対して、有楽町周辺に社屋を構えていた大手新聞社などのマスコミが大反対。新聞紙面で「有楽町を消滅させるな」といった一大キャンペーンを行い、町名を存続させることに成功している。

●生き延びた地名もある

このように東京の地名はオリンピックをきっかけに、大幅に整理されることになった。

では、神楽坂一帯の地名はどうして残ったのだろうか。

その明確な理由はわかっていないが、一説によると、神楽坂の古老たちは複雑な話が苦手で、行政の説明もろくに聞かず頑として首を縦に振らなかったとも言われている。そのうちオリンピックが終わってしまい、行政の職員が町名変更の作業を諦めたというのが真相のようだ。

オリンピックにともなう地名変更達成率は、東京23区内でほぼ100パーセント近くになっている。そのなかでも千代田区と新宿区は古い町名が多く残った。千代田区の町名変更率は74パーセント、神楽坂のある新宿区の変更率は、74・5パーセントと低い水準だった。

日本テレビなどが本社ビルを構える汐留地区は、住居表示法によって東新橋と名前を変えた。しかし、再開発によって注目エリアに変貌すると、〝汐留〟という言葉が商業ビルの名称などに採用されるようになった。葬り去られた地名が、長い年月を経て陽の目を見たのだ。

だが、そうした例は珍しい。町名変更で消えた地名の多くは、もう完全に忘れさられている。町名変更の猛威は、それほど短期間で地名や町名を消し去ってしまったのである。

【第二章】
東京名所に秘められた歴史

Episode : 12

【吹上御苑にあった皇室専用の◯◯場】

皇居にあった意外なモノとは？

オフィスビルが立ち並ぶ東京都千代田区。その中心部に緑に囲まれた、一般人が立ち入ることのできない広大な一画がある。皇居、すなわち天皇の居所である。

皇居の敷地面積はおよそ1・4平方キロメートル。東京ドーム30個分というかなりの大きさだ。皇居外苑の一部は開放されているが、特別な機会に恵まれない限り、そこから内部に足を踏み入れることはできない。皇居は東京きっての謎のスポットなのだ。

●皇居の成り立ち

そもそもなぜ天皇は現在の皇居に住むことになったのだろうか。

江戸幕府が倒れて明治政府が樹立すると、日本の首都移転計画が持ち上がる（10ページ参照）。それにともない、京都に居を構えていた天皇は東京に住まいを移すことになった。しかし、京

明治21年に完成した明治宮殿の正殿内部（『皇室写真帖』大正11年）

都は1000年もの間、天皇が住まう都として歴史を築いてきた場所だ。天皇が東京に移るというのは、京都の人々にとって衝撃的な出来事だった。

政府は京都の人々の反発を少しでも和らげるために、オブラートに包みながら天皇の移住計画を進めた。まず明治元（1868）年に一度目の東幸を行い、翌年、江戸から東京に改称した際、二度目の東幸を実施。そして、そのまま東京に居住地を移した。

天皇が移り住んだのは、それまで幕府の本拠地ともいえる江戸城で、二度目の東幸時に名称を東京城に改称。旧江戸城の西の丸御殿を生活スペースにした。西の丸御殿は、万延元（1860）年に建てられたばかりでまだ新しかったが、明治6年の火事で焼失。天皇は宮殿が再建する15年もの間、紀州藩徳川家の中屋敷から衣替えした赤坂離宮を仮住まいにすることになった。

なぜ、宮殿を再建するのに15年もかかったのか。その理由は建物を和風にするか、洋風にするかで、もめていたからだ。

明治になり、日本にも西洋の文化が大量に流入してきた。国家の近代化を目指す明治政府は、それらを積極的に吸収し、都市計画にも西洋の技術を取り入れていった。皇居というのは、いわば国を代表する建物である。西洋列強に伍するためにも、洋風建築にすべきではないかという議論が起きたのだ。

伝統的な和風建築か、それとも最先端の洋風建築か。議論は紛糾したが、明治13（1880）年に新宮殿は和風で建設するということで一度は決定する。しかし、翌年に宮内省御用掛《ごようがかり》（宮内省の命を受けて実務を担当する職）に榎本武揚が就任すると事態は一変。お雇い外国人を雇うと、皇居は洋風で建設すると言い出したのだ。

ところが、着工前に榎本が御用掛の任を解かれて、清国公使に就任。それにともない和風派が勢いを盛り返す。和風派は洋風建築だと建設費が過大になると主張。それが決め手となり、新宮殿は和風でいくことが本格的に決まった。そして明治21（1888）年、ようやく新しい皇居〝明治宮殿〟が完成した。明治宮殿は外観だけでなく、内装も和風で統一された。この新宮殿は昭和20（1945）年の戦災で焼失されるまで使用された。

大正 11 年には来日した英国・エドワード皇太子をゴルフで歓待。写真はスイングするエドワード皇太子（『答礼使御来朝記念写真帖』大正 11 年）

●皇居にゴルフ場があった？

さて、こうした経緯で誕生した皇居だったが、内部にはかつてそのイメージからすると一風変わった施設があったことをご存知だろうか。その施設とは、ゴルフ場である。

皇居にゴルフ場ができたのは、大正時代。大変なゴルフ好きであった昭和天皇のために造られたものだった。

昭和天皇が初めてゴルフクラブを握ったのは、16歳の皇太子のとき。箱根仙石原のフェアウェイをまわったことがきっかけだった。ゴルフに目覚めた皇太子は、沼津御用邸で休暇を過ごす際も砂浜で握って練習した。大正11（1922）年にイギリスのエドワード皇太子が来日したときには、ゴルフで歓待。2年後に、新婚旅行で福島県の猪苗代湖に出かけたときにも、ゴルフセット一式を持参している。

しかし、当時の日本にはまだゴルフ場が少なく、東京では駒沢ゴルフ場（9ホール）くらいしかなかった。そこで新宿御苑に9ホール、赤坂離宮に4ホールの皇室専用ゴルフ場が造られることになった。新宿御苑は現在、国民公園として一般開放されているが、当時は皇室の御料地だった。

これらのコースに皇太子は週一回のペースで通い詰めた。ゴルフ熱はますます高まり、天皇即位の儀式である昭和大礼の後には、天皇主催のゴルフ大会を開催。皇后陛下をはじめとする皇族や、宮内省職員が参加した。

その後、昭和天皇はこのゴルフ大会を機にぱったりと新宿御苑通いをやめてしまう。公式には交通渋滞など混乱を起こさないように配慮した、と発表されたが真相を巡って様々な憶測が流れた。なかでも、もっとも根強い説は虎ノ門事件が後を引いたという指摘だ。

大正12（1923）年、皇太子だった昭和天皇は大正天皇の名代として国会の開会式に向かっていた。昭和天皇が乗った自動車が東京・虎ノ門に差しかかったとき、事件は勃発する。群衆の中に、皇太子を狙ったテロリストがいたのである。昭和天皇は無傷だったが、この事件によって山本権兵衛内閣は総辞職に追い込まれ、警察の総責任者だった正力松太郎も懲戒免官させられている。天皇に即位したからには、皇太子時代以上に警備は厳重になるだろうし、同じような事件が起きたら周囲は責任を感じる。そうした諸々を配慮して昭和天皇はゴルフ場通いをやめたのではないか、といわれた。

新宿御苑通いをやめた天皇だったが、ゴルフをやめたわけではなかった。宮内省は吹上御所に6ホールのゴルフ場を造成。後にこのコースは12ホールにまで拡張されている。ゴルフを愛した昭和天皇が「ゴルフをやめる」と宣言するのは昭和12（1937）年。盧溝橋事件が勃発し、日本が中国との戦争に向けてひた走っていた時期だ。国内では節制が謳われ、贅沢を禁じる風潮が生じた。国民が苦労しているなかで、自分だけがゴルフに興じるわけにはいかない、と考えたのだろう。職員にも「ゴルフ場の手入れをしてはならない」と命じ、吹上御所のゴルフコースは草木が伸び放題になった。

吹上御所のゴルフコースは、その後も整備されないまま置かれた。自然の宝庫として知られる吹上御所には、現在、珍しい野草や生き物が生息しているという。宮内庁は5月と11月の年2回、自然観察会という名目で、吹上御苑を一般公開している。手つかずの自然が残っている吹上御所には、もはやゴルフコースの面影はないという。

Episode : 13

【神聖な場所で繰り広げられた破廉恥行為】

皇居前広場は〝愛の広場〟だった？

昭和20（1945）年8月15日。日本の敗戦を告げる玉音放送を聴いた国民は、こぞって宮城前に駆けつけた。広場に集まった群衆は、自分たちの力不足で日本が太平洋戦争に負けたことに打ちひしがれた。そして、天皇陛下に詫びる気持ちで涙し、土下座した――。

日本人にとって天皇の住まいである宮城は、特別な場所だった。聖域と形容してもいいかもしれない。だから、敗戦を知った国民たちは、自然と敬慕する天皇が住む宮城に集まろうとした。そして、一般立ち入りが可能な宮城前広場に集まった。

●皇居前広場が誕生するまで

昭和23年、宮城は皇居と改称する。それにしたがい、宮城前広場も皇居前広場と名前を変えている。

皇居前広場の楠木正成像（『東京名所写真帖』明治 43 年）

皇居前広場は皇居外苑の一部だが、その敷地面積は約46万5000平方メートルもある。

東京の都心で、これほど広大なパブリックスペースはどのように誕生したのか？　その経緯は、明治維新まで遡らなければならない。江戸城西の丸を東京の住まいに決めた明治天皇だったが、明治6（1873）年に早くも宮殿が火事に見舞われた。焼失した宮殿を再建する一環で、西の丸の南隣にあった西の丸下は広場として整備された。

この広場は明治22（1889）年の大日本帝国憲法の発布に合わせて竣工されて、その後は国家行事を催行する宮城前広場として活用されていく。

そんな特別な空間が終戦後に最初に使用されたのは8月26日だった。最初のイベントは、特殊慰安施設協会の結成式だった。特殊慰安施設協会とは、占領軍兵士を相手する売春婦組織だが、この組織が特殊だったのは政府公認という点だった。敗戦で日本が進駐されたら、女性の身の安全を守れないかもしれないと政府は不安を抱き、占領軍が日本の女性に狼藉を働かないように〝プロ〟の女性が相手をするようなシステムを考えたのである。

特殊慰安施設協会というセックスをイメージさせる団体の結成式が宮城前広場で開催されたという事実は、その後の皇居前広場の運命を変える出来事になった。

●聖域から愛の広場へ

ＧＨＱは宮城前広場から至近の第一生命館に本部を置いた。日比谷にある第一生命館からは、宮城前広場を見渡すことができた。特殊慰安施設協会の結成式が理由とは考えにくいが、ＧＨＱ本部から近い宮城前広場は、いつしかアメリカ軍兵士たちの野外プレイの場と化した。

終戦の昭和20（１９４５）年には、日本に40万人もの占領軍兵士がいたが、翌年には20万人に半減した。日本に残った兵士の多くはアメリカ軍だった。アメリカには王室制度が歴史上一度も存在せず、皇恩などという概念はない。そのため、アメリカ軍兵士には宮城前広場は単なる敗戦国の皇帝の庭ぐらいにしか思えなかったのだろう。

アメリカ軍兵士の相手をしたのは、日本人女性だった。敗戦直後の日本では、明日のメシにも事欠くありさまで、チョコレートと毛布があれば簡単に相手を務めてくれる女性がいたとい

GHQ の本部が置かれた第一生命館（『第一生命保険相互会社三十五年史』昭和 15 年）

う。焼け野原になった東京に旅館などはなかったので、職場に近く、ほどよい広さのある宮城前広場は手頃な場所だった。

昭和25（1950）年頃になると、評判を聞きつけた日本人同士のカップルが増えていく。アメリカ人がしているのだから私たちも——という免罪符が畏敬の念を消し去ったのか、皇居前広場は愛の空間に変わり、〝皇居前広場〟は野外プレイを表す隠語にさえなった。聖地が性地になってしまったのである。

実のところ、野外プレイは日本に古くから隠然と根づいてきた習慣でもあった。明治36（1903）年に開園した日比谷公園は、オープン直後から野外プレイの場所として人気だった。こうした野外で事を楽しむ現象は、東京だけではなかった。地方都市でも、野外プレイを楽しむカップルは多かったのだ。

終戦後、日本にはラブホテルなどの施設はなく、仮にそのような施設があっても若者の懐に余裕はなかった。アメリカ兵に倣うように、男女が手を取り合って皇居前広場にひっそりと集まったのである。

皇居前広場で繰り広げられる痴態は、社会問題化する。昭和29年には、東京都に対して「アベック専用の公園をつくれ！」という提案が女性実業家から寄せられるほどだった。都心部で男女の行為が公然と繰り広げられるのは、公衆道徳として悪影響だと言いたかったのだろう。

男女の行為に対して、行政が重い腰をあげるのは新風営法が施行された昭和60（1985）年。所轄官庁は厚生省から警察庁に移管されて、取り締まりは強化された。こうして野外プレイは姿を消し、同時に野外プレイは破廉恥な行為という認識も浸透した。だが、歴史的にみれば屋外プレイは正統派で、わずか半世紀ほどの歴史しかないラブホテルの方が、むしろ邪道だったのである。

Episode : 14

【消滅の危機に差し伸べられた意外な救いの手】

上野動物園をGHQが救った？

休日ともなれば、多くの家族連れで賑わう台東区の上野動物公園。

この動物園には、童話『かわいそうなぞう』としても知られる、悲しい物語が伝わっている。舞台は太平洋戦争まっただ中。戦局の悪化にともない、動物園の動物たちは陸軍の命令で殺処分されることになった。飼育員たちは毒を混ぜた餌を動物に与えた。しかし、それを察知したのか、ゾウは餌を食べず、安全な餌をもらうために必死で芸を見せた。結局、ゾウは一頭、また一頭と餓死をしていった……。戦時中、空襲などで檻が破壊された場合に備えて、動物たちが殺処分されたのは事実である。しかし、それは陸軍が命じたものではなかった。

●上野動物園が誕生するまで

上野動物園ができたのは、明治15（1882）年のこと。

当時、東京には第一回内国勧業博覧会（明治10年）のために、世界各地から珍しい動物が集められていた。博覧会終了後、集めた動物を国民に見せて、教養を深めさせてはどうかというアイディアが出る。そこで当初は日比谷公園に近接していた場所に博物館を建設し、そこで動物を展示するようになった。

しかし、博物館のような狭いスペースでは、動物を飼育するのは不可能だった。そこで都心から近く、十分な広さがある上野公園に動物たちが移されることになった。

こうして上野にオープンすることになった本邦初の動物園だったが、関係者は大変な苦労をすることになる。動物園の飼育係に採用されたのは、明治政府の誕生で失業していた元士族だった。動物の飼育や園の運営に関するノウハウもない。動物園の運営は手探り状態で行われたが、オープンの翌年には飼育員がヒグマに片腕を食われるといった事故も発生している。

上野動物園は当初、宮内省の管轄だった。宮内省が所管する動物園ということは、いわば天皇家の動物園ということでもある。そのため、珍しい動物が捕獲されると、上野に運ぶことが通例になった。たとえば、明治24（1891）年には北海道で白いヒグマを発見。白い動物は縁起が良いとされていたので、上野動物園に献上された。だが、北海道に生息するヒグマが東京で生活できるはずもない。当時の動物園には冷房機器もなかったため、白いヒグマはすぐに病気で死んでしまった。

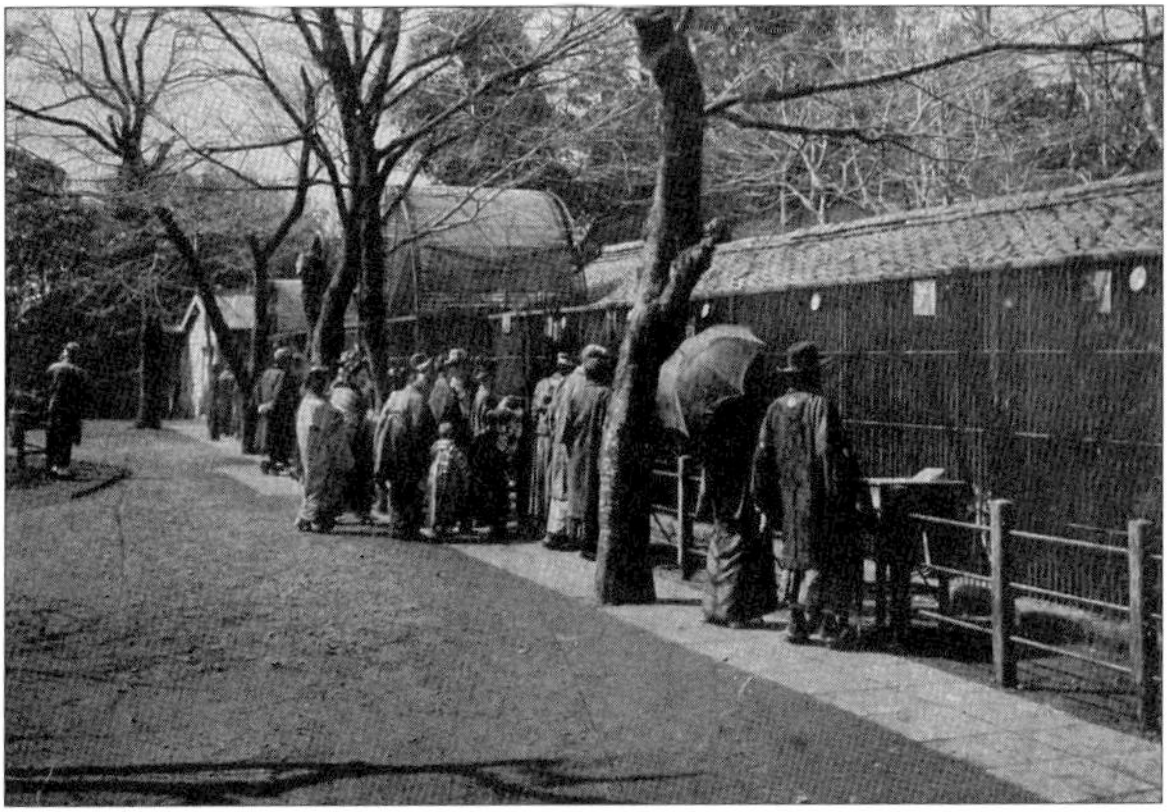

明治時代末の上野動物園の様子（『東京風景』明治 44 年）

　その後も外国から上野に珍しい動物が続々とやってきた。キリンやカバ、ゾウといった、いまでは動物園の定番となった動物たちがやってきたのもこのころで、珍しい動物を一目見ようと、多くの来場者で溢れかえることになった。

　上野動物園に外国種の動物が増えたのは、日清・日露戦争による影響も大きかった。

　中国大陸を戦地とした日清戦争で、日本軍は清国が兵糧や燃料輸送にラクダを使っているのを目にした。ラクダを目にしたことがなかった日本軍は、ラクダを分捕って、戦利品として本国に送った。それが、上野動物園で飼育されることになった。同様に、日露戦争でも日本軍はクマやイヌを分捕り、戦利品として本国に送っている。

　その後、上野公園は大正13（1924）年に昭和天皇の御成婚記念として、東京市に下賜される。

公園の名称は上野恩賜公園と変わり、動物園も恩賜上野動物園と改称した。

●上野動物園存続の危機

しかし、そんな上野動物園が存続の危機に直面する。その危機とは、戦争である。

昭和16（1941）年、日本軍はアメリカ軍の真珠湾基地を爆撃。太平洋戦争が始まった。当初はフィリピンからアメリカを追い出し、東南アジアを次々と占領するなど破竹の勢いで勝ち続けた日本だったが、昭和17年の秋ごろから戦局が悪化。本土空襲の危機も迫っていた。

そんなおり、大達茂雄東京都長官は、上野動物園にある指令を出す。シンガポールから帰ってきたばかりの大達は戦況を熟知しており、人間が満足に食事を口にできないのに、動物たちを食わせる余裕はない、と判断。早々に上野動物園の動物たちを処分することを命令したのだ。

しかし、動物園のスタッフは愛着ある動物を殺処分することはできなかった。なんとか他の動物園に引き取ってもらえないか、と模索した。しかし、大達は動物たちの疎開を頑として認めず、あくまで殺処分を主張したのだった。

処分後、東京都は「時局に鑑みて、動物を処分した」と発表した。動物たちの非業の死は、戦後に小説や子供向けの絵本、映画、ドラマ化されて現代に伝わっている。しかし、その多くは〝軍令〟で動物を殺したストーリーになっている。しかし、実際は行政が主導したことだっ

明治の上野動物園にはすでにゾウもいた（『東京風景』明治 44 年）

たのだ。

●動物園に差し伸べられた救いの手

戦時中に多くの動物を失った上野動物園だったが、思わぬところから救いの手が差し伸べられる。

終戦後、日本にやってきたGHQやその家族には動物好きが多く、夫人をともなって上野動物園を訪れる幹部もいた。しかし、当時の上野動物園には、キリンやツキノワグマ、ブタとアヒルくらいしか残っておらず、飼育設備や物資も不足していた。

その惨状を見て、GHQは動物のストーブ用に石炭を差し入れた。終戦直後は、日本全土が物資不足に喘いでいたときだ。動物園の飼育員も石炭がなければキリンが冬を越せないとわかっていたが、手に入れるのに苦労していた。そんなときに

ＧＨＱの差し入れは大きな救いになった。

その他、ＧＨＱは毎日の食事で出る残飯も動物園に提供した。残飯といっても、食料不足に陥っていた日本人から見れば、ごちそうともいえる栄養価の高いものだった。実際、浅草の闇市などではＧＨＱの残飯を雑炊にして食べるメニューが人気だった。それを動物たちの餌にしたのである。

こうして、戦後の難局を乗り切った上野動物園には海外から友好の証として動物が次々と送られてきた。特に昭和24（１９４９）年にインドからやってきたゾウのインディラは人気を呼び、寄贈してくれたインドのネール首相の名前は、子供たちに知れ渡ったという。動物を介した外交は上野のお家芸にもなり、日中国交回復のときには中国からパンダが贈られ、〝人寄せパンダ〟なる言葉も生まれている。

Episode : 15

【ＮＨＫと日本テレビの意地のぶつかり合い】

幻に終わった世界一の電波塔計画とは？

東京の真ん中に天高くそびえる東京タワー（３３３メートル）は、東京を代表する建築物として長らく君臨してきた。平成24（２０１２）年、高さでは東京タワーを上回る６３４メートルの東京スカイツリーが墨田区に完成したが、それでも東京タワーは多くの観光客を集めている。それはきっと、東京タワーが高いだけでなく、昭和の輝かしい時代につくられたものという背景も大きいように思われる。古き良き昭和のシンボルである東京タワーに郷愁を感じる人は少なくないのだろう。

●東京タワー誕生史

東京タワーは、首都圏に向けてテレビやラジオの電波を送信する、総合電波塔として建設された。

日本で電波放送が始まったのは、大正14（1925）年。NHKの前身である東京放送局が最初だった。大正12年の関東大震災で流言飛語が飛び交い、治安の悪化を招いた。政府は正確な情報伝達の手段としてラジオ放送の必要性を痛感。2年後に東京市芝区（現在の港区）愛宕山に東京放送を開設したのだ。

愛宕山は標高25・9メートルしかないが、東京随一の高所として有名な場所だった。もともと愛宕山には愛宕塔という展望塔が明治22（1889）年に建てられていた。東京の街並みを見下ろすことができた愛宕塔は人気があり、多くの人が集まる観光名所になっていた。しかし、そんな愛宕塔も関東大震災で倒壊。その跡地に東京放送局の電波塔が建てられることになった。

その電波塔を設計したのが、後に東京タワーを設計する建築家の内藤多仲である。内藤は、愛宕塔を皮切りに名古屋テレビ塔や通天閣（二代目）、別府タワー、さっぽろテレビ塔を手がけ、〝日本の電波塔の父〟と称された人物だ。

日本の高層建築史に名を残した内藤だが、実は関東大震災が起きるまでは無名の存在だった。

当時の建築界では、明治時代に西洋から入ってきた洋風建築が主流になっていた。建築家として高く評価されるためには、機能性の高い建物を設計するだけではなく、デザイン性の高い設計（意匠設計）をする必要があった。内藤は意匠設計があまり得意ではなかったため、注目されなかったのだ。

しかし、そんなときに関東大震災が発生する。東京中の建物が壊滅状態に陥る中、関東大震災の3ヶ月前に内藤が構造設計を手がけた日本興業銀行は、ほとんど被害を受けなかった。それがきっかけで、内藤のもとには構造設計の依頼が次々と舞い込むようになった。

戦後になると、高層建築の需要はますます高まっていった。きっかけはテレビ放送の開始だった。

昭和28（1953）年には、日本テレビとNHKがテレビ放送を開始。昭和30年には、ラジオ東京（現・TBS）もテレビ放送に参入し、さらに日本教育テレビ（現・テレビ朝日）、富士テレビ（現・フジテレビ）も開局を予定していた。

愛宕山の愛宕塔（『東京景色写真版』明治26年）

テレビ局やラジオ局は、各局が個々にアンテナを立てていた。そのため、東京の都心部には放送用の電波塔が乱立した。電波塔が乱立すると都市景観は悪くなる。都民から電波塔に対する苦情が噴出した。それを受けて、電波行政を所管する郵政省が音頭を取り、各局の電波塔をひとつに取りまとめる話し合いが持たれる。そうして、新しい電波塔を管理するための日本電波塔株式会社が設立され、東京タワーの建設計画が始まった。

東京タワーの建設地は、様々な面から検討された結果、東京都港区芝に決まった。もともと同地には、紅葉館という外国人接待にも使われた会員制の超高級料亭が建っていた。が、太平洋戦争の東京空襲で建物が全焼。日本電波塔株式会社がその土地を買収したのである。

日本電波塔株式会社の社長には、産経新聞社の社長・前田久吉が就任した。前田が日本電波塔株式会社の社長に選ばれた理由は、この時点で産経新聞が傘下にテレビ局をもっておらず、公正中立な立場で電波塔を運営できると期待されたからだった。

しかし、ここで問題が起きる。テレビ局は持っていなくても、前田は産経新聞というマスコミ企業の社長。ライバル企業だった読売新聞社主の正力松太郎は、前田が社長になることに異議を唱えた。

正力は前田が電波塔の社長を務めるのなら、読売新聞系列の日本テレビの電波は東京タワーから発信しないと宣言。麹町に独自の放送用タワー（155メートル）を建設した。

そうしたゴタゴタを経て、東京タワーは昭和33年に完成する。在京の放送局の電波塔をまとめるという構想だったが、当初、東京タワーから電波を放送したのは、ＮＨＫ教育テレビ、フ

建設中の東京タワー（© 毎日新聞社）

ジテレビ、日本教育テレビのみで、日本テレビ、ＮＨＫやラジオ東京は独自の電波塔を使用していた。その後、ＮＨＫとラジオ東京は東京タワーに移ったが、日本テレビだけは頑固に加わることを拒み続けた。

●幻の超高層タワー計画

そして昭和43（１９６８）年、日本テレビの親会社・読売新聞社主の正力松太郎が驚きの計画をぶち上げる。読売新聞紙上で、東京タワーよりも高い電波塔の建設計画を発表したのだ。正力タワーと称されたその電波塔の高さは、５５０メートル。当時の高さ世界一のタワーは、ソビエト連邦のオスタンキノ・タワー（５３３メートル）だったが、それを上回る高さである。

それを聞いて黙っていなかったのが、ＮＨＫ

だった。翌年、ＮＨＫは正力タワーをさらに上回る高さ６００メートルのＮＨＫタワー構想を発表する。あと出しされた格好の日本テレビは激怒し、新聞紙上などでＮＨＫを批判。ＮＨＫも日本テレビ側を挑発するなど、泥沼の様相を呈した。

しかし、同年、正力タワーを推進していた正力松太郎が死去。郵政省の調停が入ったこともあり、２本の高層タワー計画はしだいに勢いを失っていく。

それから40年を経て、放送業界はワンセグやデジタル化などの対応に追われている。そうした課題をクリアするために、高層ビルなどに電波を遮られない、より高い電波塔として東京スカイツリーが建設された。

電波塔としての座は東京スカイツリーに譲ったが、東京タワーの役目は終わったわけではない。昭和を偲ぶ名所としてはもちろん、災害時にスカイツリーが使えない場合には、予備電波塔として利用されることになっている。役目を終えても東京の中心地に君臨する東京タワーは、きっとこれからも元気な姿で立ち続けることだろう。

【都心に位置する広大な公園は監視の窓だった】

日比谷公園誕生の裏にある陰謀とは?

Episode : 16

現在、東京には多くの公園がある。緑あふれる公園は、憩いの場であると同時に、日常の喧騒を忘れさせてくれる癒やしのスポットでもある。

日本に初めて公園ができたのは、明治6(1873)年。東京では浅草の浅草寺、上野の寛永寺、芝の増上寺、深川の深川不動尊、王子の飛鳥山の5つが公園に指定された。

もっとも制度としての公園が正式に制定されただけで、公園のような空間は江戸時代からあった。例えば、福島県白河市には南湖公園という観光名所がある。南湖公園は寛政の改革で知られる松平定信が、白河藩主時代に城の敷地の一部を庶民に開放したのがはじまりだとされている。

当時、武士と町人との身分の違いは厳格で、武士の生活空間に庶民が軽々しく足を踏み入れるなどということはあり得なかった。松平定信が常識を打破して開放したスペースは、武士と

上野公園の桜（『東京名所写真帖』明治43年）

町人が身分の隔たりなく楽しめる場として人気を博した。これも公園と位置づけられるだろう。

　そうした先例はあるものの、まだ日本人の間に公共空間という概念は希薄だった。明治政府は諸外国にならって公園をつくろうと動いた。しかし、新政府は立ちあがったばかりで、土地を工面する余裕がなかった。そこで、政府は寺社地の活用を思いつく。

　江戸時代、寺や神社は幕府に手厚く保護されており、一種の別天地を形成していた。別天地と言っても、町人を立ち入り禁止にしているわけではなかった。

　現在、上野公園は桜の名所で知られるが、江戸時代には早くも寛永寺の桜は有名になっていた。シーズンになると、寛永寺は一時的に境内を開放したため、町人たちはこぞって上野に足を運び、

日比谷公園の音楽堂（『最新東京名所写真帖』明治42年）

歌をうたったり、酒を飲んだりして、思い思いに花見を楽しんだ。明治政府が寺社地を公園に転用しようと目論んだのは、そんな江戸時代からある風習を利用すればすぐに公園という概念を定着させられると考えたからかもしれない。

●日本初の都市公園、日比谷公園の誕生

明治も中期になり、国内が落ち着きを見せると、きちんとした公園を整備しようという風潮があらわれる。内務省が企画した、東京全体を改造しようという〝市区改正計画〟にも、公園整備の計画が盛り込まれた。

市区改正計画で目玉になった公園は、官庁街のど真ん中にある日比谷公園だ。日比谷公園は平成25（2013）年に開園110周年を迎えた歴史ある公園で、日本初の〝都市公園〟と形容される。

その立地は、公園と呼ぶにはあまりにも華美である。日本随一の繁華街・銀座や日比谷とは目と鼻の先にあり、霞が関官庁街のお膝元である。どうしてこんな都心にこれほど広大な公園が、と不思議な思いに駆られる。

日比谷公園が整備される前は、同地は日比谷練兵場と呼ばれる軍用地だった。

富国強兵をスローガンに掲げていた明治政府が、わざわざ軍用地を手放した理由はスペースが狭かったからとも、竹橋事件の影響ともいわれる。竹橋事件とは、明治11（1878）年に近衛砲兵部隊が武装蜂起し、明治政府の重鎮だった大隈重信の邸宅を襲撃した事件である。これを機に、クーデターを警戒する政府は、軍用地を都心部から離すことを内密に進めたといわれる。

これまで明治政府は、寺社の敷地を転用して財政負担を軽減していた。軍用地も公有地であるため、土地の買収などに費用はかからない。日比谷練兵場跡地を公園に転用することは、整備費用の軽減につながった。

●公園設置の裏にある真の狙い

現在、公園というと市民の憩いの場というイメージが定着している。明治政府も公園は憩いの場だとし、その他、〝教育〟〝文化振興〟〝国民の健康増強〟〝衛生環境の向上〟というメリットがあることを強調した。

〝教育〟は、体を動かす体育だったり、自然に触れることで教養を高めること。〝文化振興〟は内国博覧会の開催のこと。〝国民の健康増強〟は、広い空の下で運動をすることで体を鍛えること。これらは、すべて政府が掲げる〝富国強兵〟や〝殖産興業〟に適合していた。

一見するとわかりにくい〝衛生環境の向上〟は、疫病の蔓延を防いで国家の礎である人間を守ろうという意図がある。当時、労働力の担い手はあくまで人だった。その多くは第一次産業に従事する人々であり、労働力の低下は米や野菜といった食料の減産を意味した。だから健康的な身体をつくることは農業の増産につながる。さらに、疫病を防止することは、作物に対しても有効になる。つまり、衛生環境の向上は、今で言うところのGDP増大につながる政策だったのである。

しかし、これらの目的はあくまで建前の大義名分だった。政府が公園をつくることで、本当に実現したかったのは、公園を〝監視の窓〟とすることだった。

明治政府が発足すると、人々は思い思いに政治を語り合うようになった。そうした社会的風潮は、板垣退助を中心とする自由民権運動となり、帝国議会の開設運動にまで発展する。それまで政府の重要ポストは薩長土肥閥に占められていた。そうした不満が、自由民権運動によって爆発したのだ。

人々は貸座敷と呼ばれる集会所に集まり、政治談議に花を咲かせた。いつの世でも同じことが言えるが、民衆が自由に議論したり、意見を言えたりすると、為政者にとって不都合なことが起きやすい。軍国主義が進んだ日本で、集会結社の自由や思想の自由が奪われていたことは、その事実を端的に示しているといえるだろう。

しかし、明治政府は政治談議をしただけで取り締まることはできなかった。そこで妥協案として集会がしやすい広大な公園を整備し、そこで政治集会を開催するように誘導した。集会が行われる場所を確保すれば、逆に政府としても監視しやすくなるというわけだ。

現在でも、上野公園や日比谷公園の入り口には交番がある。それは明治政府が公園開設にあたり、監視する体制を築いていた名残でもある。

監視の窓として始まった公園だったが、そうした歴史はいつのまにか忘れられた。日比谷公園は、現在、家族連れやカップルなどの憩いの場になっている。

Episode : 17

【プロ野球とともに歩んだ後楽園球場の物語】

後楽園に巨大ギャンブル場があった？

プロ野球の試合からプロレス会場、さらにはコンサートや企業のイベントまで、幅広い用途で使われている後楽園の東京ドーム。東京ドームシティといった遊戯施設も併設されており、アクセスの良さから人気のスポットになっている。

さて、この東京ドームのある後楽園に、かつて巨大なギャンブル場があったことを知っているだろうか。

●野球の殿堂、後楽園球場が生まれるまで

江戸時代、現在の東京ドームがある後楽園一帯には水戸藩徳川家の上屋敷が置かれていた。明治政府発足後、上屋敷は政府に接収され、兵部省用地となった。その後、陸軍が兵器を製造する東京砲兵工廠《こうしょう》を建設したが、関東大震災で被災し、工廠は操業を停止。再整備する資金が

捻出できなかったため、長らく、都心一等地だった東京砲兵工廠は空き地として放置されたままだった。

昭和11（1936）年、そんな空き地に野球場建設の話が持ち上がる。

球場建設の先頭に立ったのは、早稲田大学野球部OBの河野安通志や押川清だった。河野と押川は、日本初のプロ野球チーム「日本運動協会（芝浦協会）」（関東大震災に伴い、解散）を発足させ、長年、プロ野球の創設を目指して活動していた人物である。

日本ではすでにプロ野球（当時は職業野球と称した）が発足しており、野球人気も盛り上がっていた。しかし、当時は現在と違い、球団がホームスタジアムを所有するという考えはまだ希薄だった。阪急や阪神といった鉄道会社を母体とするチームは、乗客の掘り起こしという意味からホームスタジアムを所有していたが、他の球団は自前の球場を持つことはコスト高になるとして、既存のスタジアムを転々としていた。

河野らはすでに球団を保有していた読売新聞社主の正力松太郎（大日本東京野球倶楽部、のちの読売ジャイアンツ）や阪急電鉄総帥の小林一三（阪急軍、のちのオリックスバファローズ）らから出資を募り、新球場をホームグラウンドとする後楽園イーグルスを結成。そして〝後楽園スタヂアム〟を建設した（開場は昭和12年）。

読売新聞社が読売ジャイアンツ、阪急電鉄が阪急ブレーブスといった具合に、当時のプロス

日本初のプロ野球チーム「日本運動協会」

ポーツは親会社が後ろ盾になって運営資金を提供するのが当たり前だった。しかし、イーグルスには資金をバックアップする親会社はなかった。

いまでいうところの市民球団として発足したイーグルスは、すぐに経営的に行き詰ってしまう。

そこで、イーグルスはチームとは別に後楽園一帯を整備・管理・経営する後楽園スタヂアムという会社を設立。社長に東京米穀商品取引所の理事長を務めていた早川芳太郎を迎えて、後楽園一帯を総合テーマパークとして運営する。いわば、不動産活用でプロ野球チームのランニングコストをまかなおうとしたのである。

早川は東京市内でタクシーが増えていることを察知し、後楽園の敷地の一画にタクシーのガレージを整備して、タクシー会社に貸し出すレンタル事業も開始。さらに、試合のない日やオフシーズンに松竹や宝塚歌劇団にステージを貸すホール事業にも進出した。順調に収益事業の柱をつくった早川だったが、戦争の激化によって客足は遠のいてしまった。経営はすぐに悪化し、イーグルスは解散。球場などを経営する株式会社後楽園スタヂアムは、小林が経営再建を引き受けて東宝の傘下に入ることになった。

戦後、ＧＨＱの民主化政策の一環で、過度経済力集中排除法を施行する。この法律によって、株式会社後楽園スタヂアムは東宝の手を離れる。

●野球の殿堂から娯楽の殿堂に

一人立ちを強制された後楽園スタヂアムは、後楽園を総合テーマパーク化することに力を注いだ。プロ野球の試合を開催するだけではなく、バレーやボクシング、テニスといったアマチュアスポーツにも広く利用できるよう屋内運動場を整備。後楽園はスポーツの殿堂となり、スポーツを楽しむ一般市民が集うようになった。

昭和24（１９４９）年には、国営競馬の場外馬券発売所が開設されて、総合テーマパーク化に拍車がかかった。国営競馬は中央競馬会に所管が移り、現在はウインズ後楽園としてレース開催日にはたくさんの競馬ファンが後楽園に足を運んでいる。

そんな後楽園スタヂアムの総合テーマパーク化の総決算が、後楽園競輪の誘致だった。戦後、

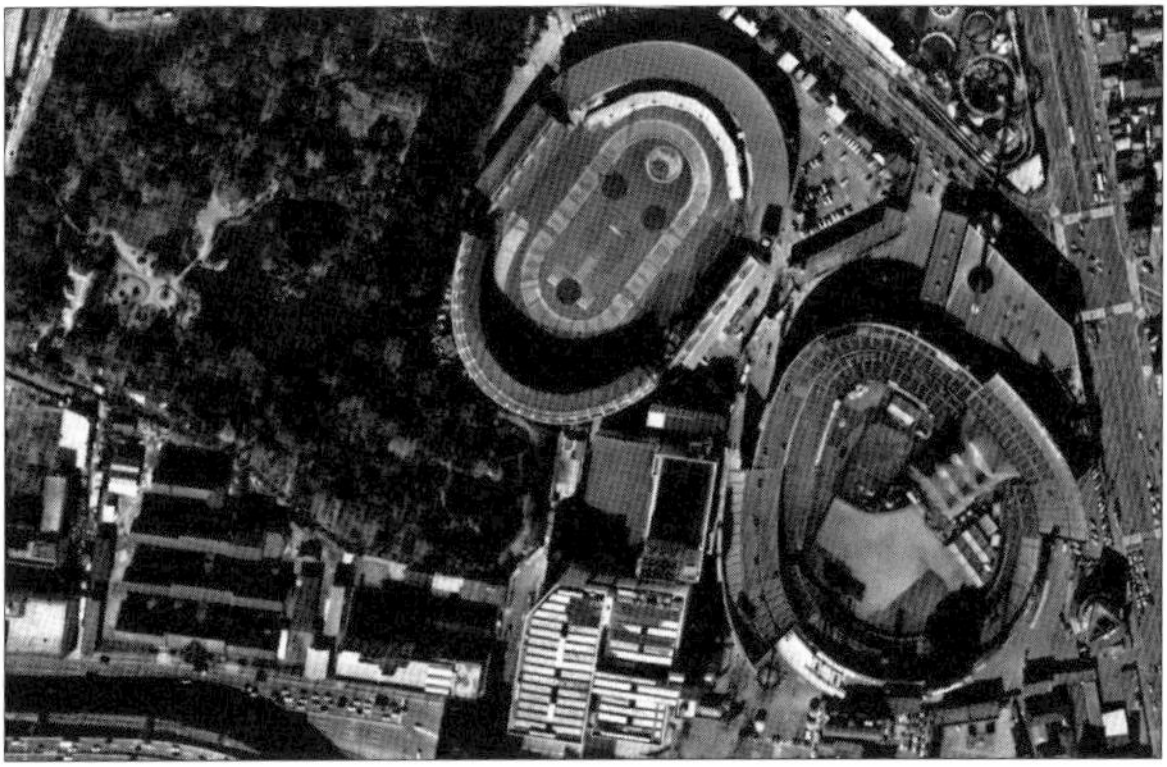

昭和 49（1974）年頃の後楽園球場（右下）。球場の左上にあるのが、後楽園競輪場である。（国土画像情報［カラー空中写真］国土交通省）

地方自治体が最重要の任務としていたのは、戦災からの復興だった。しかし、街を復興させようにも資金がない。そこで公営競技で稼ぐことを模索した。

公営競技で人気が高いのは、今も昔も競馬だが、競馬場の整備はできても競走馬の育成は簡単ではない。そこで地方自治体でも比較的簡単に参入できる競輪が注目を浴びるようになる。競輪事業に参入しようとした市町村はかなりの数にのぼり、都内だけでも開催に手を挙げた市町村は7ヶ所あった。

手を挙げた地方自治体の中で、競輪誘致に熱心だった神代村（現、調布市）と文京区が開催権を獲得。文京区は競輪事業を後楽園スタヂアムに委託した（神代村は京王電鉄が経営していた遊園地・京王閣跡地に競輪場を造設、現在の京王閣競輪場）。

　競輪は順調に売上を伸ばし、財政の改善にも大きく寄与した。公営競技の収益金は、道路や学校建設、福祉事業に充てられた。だが、高度経済成長で税収が右肩上がりで増え続けると、公営競技の収益は自治体職員からも取るに足らない金額と言われるようになった。

　ギャンブルを嫌悪する社会的風潮とも相まって、昭和44（１９６９）年、東京都は公営競技全廃を表明。その翌年に後楽園競輪場は廃止されることになった。

　この後楽園競輪場の跡地に建てられたのが、現在、読売ジャイアンツがホームグラウンドとする東京ドームである。東京ドームは昭和63（１９８８）年に完成。それに伴い、球場としての役割を終えた後楽園スタヂアムは解体されることになった。

　その創設から日本プロ野球の歴史をともに歩んできた後楽園球場の跡地は、東京ドームホテルや広場、ＪＣＢホールなどになっている。水戸藩徳川家の名残は、東京ドームの西側にひっそりと緑をたたえる小石川後楽園ぐらいしかもはや残っていない。

Episode : 18

【全国の有名寺社仏閣を敷地に誘致】

社寺経営は大名家のサイドビジネス？

現代は、レジャーが多様化して、東京の至るところに遊戯施設がある。地方都市でもショッピングセンターはある種のレジャー施設と化しているし、ボーリング場やゲームセンターなどの遊戯施設を併設しているところも少なくない。

しかし、そうした遊戯施設がレジャーとして大衆に根づくのは戦後になってからのこと。それまで、庶民のレジャーの代表格といえば、社寺参詣だった。

江戸時代、遠く離れた伊勢神宮や富士山に参詣することは人生に一度のビッグイベントだった。鉄道などない時代だから、伊勢神宮や富士山に参詣するには、長らく家を留守にしなければならない。畑作業は近所に頼まなければならないから、旅行は町ぐるみのイベントで、旅行組と留守番組とが順番で参詣旅行に出かけた。当然、その旅費も莫大になった。

庶民が遠い地の神社仏閣を巡るには、行楽的な意味合いもあったが、なによりも神仏を詣でるという信仰心が強く作用していた。

●大名家のサイドビジネス

江戸時代も進むと、そうした庶民の信仰心に目をつけて、商売に結びつけようとする者も出てくる。なかでも巧妙にビジネスを展開したのが、久留米《くるめ》藩有馬家だった。

久留米藩有馬家は現在の福岡県久留米市周辺を治めていた大名だったが、寛政期頃から財政が逼迫。筑後川の河川改修工事などに多大な出費を強いられただけでなく、藩主の放蕩癖が藩の財政悪化に拍車をかけた。

そこで久留米藩有馬家は、江戸藩邸に水天宮を勧請する。水天宮は久留米を総本宮とする由緒ある神社で、安産・水難除け・防火にご利益があるとされていた。江戸の人々にとって、遠く離れた久留米の神社に参ることは叶わぬ夢だった。それを江戸に持ってくることで、一儲けしようと考えたのである。

勧請された水天宮は、有馬家の上屋敷内に建立された。有馬家の上屋敷は芝赤羽（現在の東京都港区三田）にあり、毎月5日に公開され、武士だけでなく、一般庶民も参拝することができた。江戸にいながらにして遠方の社寺に参拝できるとあって、有馬家の水天宮は爆発的な人気を呼ぶ。

明治後期の水天宮（『東京風景』明治44年）

有馬家の水天宮が人気を呼んだのは、上屋敷にあったという点も大きかった。

江戸藩邸はおおまかに上・中・下のランクがあり、上屋敷は殿様の住まいだった。当然、出入りは厳しく制限されており、一般人が気軽に入れる場所ではない。有馬家の水天宮に行けば、神社に参拝できるだけでなく、殿様の暮らしぶりも見ることができるというのだ。人気にならないはずがない。

この水天宮の勧請で、有馬家は莫大な賽銭収入を得た。その金額は年間約3000両。財政が逼迫していた有馬家にとって、大きな副収入になったのである。

●江戸の街は社寺で大賑わい

江戸後期になると、有馬家に限らず、どこの藩

虎ノ門の金刀比羅宮金毘羅（『東京名所写真帖』明治 35 年）

の財政も逼迫していた。有馬家が水天宮というサイドビジネスで成功したことが知れると、各藩の殿様は地元にある有名な寺社を勧請し始める。そして、江戸には各地の神々が次々とやってくることになった。

〝こんぴらさん〟で知られる金刀比羅宮《ことひらぐう》金毘羅《こんぴら》は、現在の香川県西部を治めた讃岐丸亀藩京極家が三田にあった藩邸に勧請。藩邸が虎ノ門に変わると金刀比羅宮も一緒に移転させた。いまでも虎ノ門ビルの一画には、金刀比羅宮がひっそりと鎮座している。

大岡越前で知られる大岡忠相は、その功績から三河西太平に所領を与えられた。三河西太平はあまり聞き慣れない地域名だが、ここには豊川稲荷があった。大岡は下屋敷のあった赤坂一ツ木に豊川稲荷東京別院を勧請している。

これら江戸藩邸内に建立された社寺は、明治維新で政府が大名たちの敷地を没収したことから存続が危ぶまれた。敷地問題から、東京に建立した社寺をたたんでしまうケースも見られたが、移転して存命を図った社寺も少なくなかった。

水天宮は明治4（1871）年に芝赤羽から赤坂に移転を余儀なくされた。さらに翌年になって、有馬家に由緒のある現在地の中央区日本橋蛎殻町にやってきた。

以降、水天宮は現在に至るまで、安産の神様として多くの東京都民が参拝に訪れている。平成2（1990）年には地下鉄半蔵門線が一部開業を果たし、水天宮前駅が誕生した。もともと都電の電停名にも水天宮前があったものの、地下鉄の駅名として採用されたことで水天宮の知名度は飛躍的にアップした。おそらく、賽銭収入もぐっと上がったことだろう。

武士が金儲けに手を出すことはいやしいことだとされていた時代に、久留米藩有馬家が苦しい藩財政を少しでも立て直そうとして始めた金儲けは、いまや東京にしっかりと根づいて文化になった。

Episode : 19

【日本の教育をリードする最高学府】

東京大学への裏口ルートがあった？

日本の最高学府といわれる東京大学は、自他共に認める日本一の学力を誇る。東大はあらゆる分野で常に最先端の研究開発を行っており、その影響は学界のみならず経済界などにも波及する。平成25（2013）年、東大では入学時期を従来の4月から9月に変更することを検討し始め、大学関係者や教育関係者、入学希望者などに大きな衝撃を与えた。

9月入学に変更するならば、4月入学に統一している他大学との調整はどうなるのか。8月まで合格者が確定していないのだとしたら、滑り止めでいったん他大学に入学する学生もいるだろう。その場合、入学金や授業料などは余分にかかり、金銭的負担は膨大に膨れ上がる。

●学校が4月入学になったワケ

そうした懸念がありながらも、東大が9月入学の検討を進めているが、そもそも大学の入学

明治時代の東京帝国大学の赤門（『最新東京名所写真帖』明治 42 年）

月が一律に4月に設定されていることを不思議に思う人はほとんどいない。

江戸期にも藩校が各地につくられていたが、明治期になって教育制度が本格化し、各地に学校が続々と設立される。しかし、まだ明治期には学校の新学期が4月から始まることは決められていなかった。

明治10年代、学校の始業月は大半が1月だった。とはいえ、現在のように学年制を採用していなかったので、4月や9月、11月といった途中から入学してくる学生も少なくなかった。

東京大学の前身校の多くは、9月を入学月と定めていた。明治19（1886）年に帝国大学令が制定されると、東京帝国大学の入学月は正式に9月になった。が、大正期になり突如として変化が訪れる。

明治後期の東京帝国大学のキャンパス（『東京風景』明治44年）。日本の最高学府にふさわしい洋風建築の立ち並ぶ荘厳な雰囲気だ。

文部省の指示によって、高等師範学校の入学月が4月に改められたのである。その理由は判然としないが、研究者の間では試験月が8月だと暑くて勉強に身が入らない、政府の会計と月がずれると予算が組みにくい、小学校と入学月を合わせることで卒業からの空白期間をつくらない、徴兵が4月に行われるから、などの理由があったといわれている。

高等師範学校は〝教育の総本山〟と位置付けられていたこともあり、高等師範学校がいっせいに4月入学に足並みを揃えると、ほかの学校も横並びで4月入学に切り替え始めた。こうして、〝学校は4月入学〟という概念が浸透する。文部省も始業月を4月と定めて各学校に通知した。

大学は〝4月入学〟は適用外だったが、東京帝国大学でも大正初期から入学年を4月に変更した方がいいのではないか、という議論がされていた。東大だけが9月入学のままでいくと、他の大学が4月入学に変更した際、優秀な学生が取られてしまうのではないかという危機感があったからだ。そして大正9（1920）年、東大総長の山川健次郎は4月入学の方針を決定する。その後、日本の学校は4月入学が当たり前となったのである。

●高等中学校誘致の争い

創設以来、日本の最高学府の地位にあった東京大学だが、教育体制が整うまでは〝裏口入学〟とは言わないまでも、入学に関して山口県出身者だけが使える裏ワザが存在した。

その裏ワザを明かす前に、当時の学制を説明しておこう。

現在の学制では、大学の前に高校を卒業するのが一般的だが、当時、高校に該当する学校は中学校令によって設置された高等中学校だった。高等中学校は、全国を5つに分割した学区にひとつずつ設置された。第一高等中学校は、東京大学予備門と呼ばれる学校が改組する形で発足。第三高等中学校は、大阪にあった分校が改組することが決まったが、受け入れ体制が整わなかったために京都もしくは兵庫に設置することになった。

天皇が東京に移ってから、京都では街の荒廃をいかに食い止めるかが行政課題だった。その第一弾として、京都は日本初の水力発電所である琵琶湖疏水《そすい》を建設。高等中学校の誘致は、琵琶湖疏水に続く京都巻き返しの第二弾となった。京都は高等中学校の誘致に官民一体で取り組んだ。府議会は誘致費用として、当時では破格の10万円の予算をつけている。ここまで力を入れられたのならば、文部省も首を横には振れない。結局、誘致合戦は京都が勝利し、京都に第三高等中学校が開設されることになった。

ちなみに、京都第三高等中学校は、後に京都帝国大学になった。もし、第三高等中学校が予定通りに大阪に設置されたり、兵庫県に奪われていたら、いまの京都大学は存在しなかったことになる。

文部大臣だった森有礼《もりありのり》は、第二高等中学校を仙台に、第四高等中学校を金沢に、第五高等中学校を熊本に設置することを決定した。これらの都市が選ばれたのは、江戸期から有名な藩校があったことや、新しい学校建設のために地元の寄付金などが多く、協力的な環境が整っていること、大都市であることが考慮された結果だった。第五高等中学校が熊本に設置されたのは、現在からするとすこし不思議な印象を受けるかもしれないが、江戸末期から明治初期まで九州随一の都市といえば熊本市だった。こうして、5つの官立高等中学校が誕生した。

森は薩摩藩出身だったが、鹿児島に高等中学校を設置しようとはしなかった。明治初期はいくら能力が長けていても薩長出身ではないと政治家や官僚になることができないという不条理がまかり通っていた。そうした悪しき風習を打破し、能力のある人材を養成・登用する社会シ

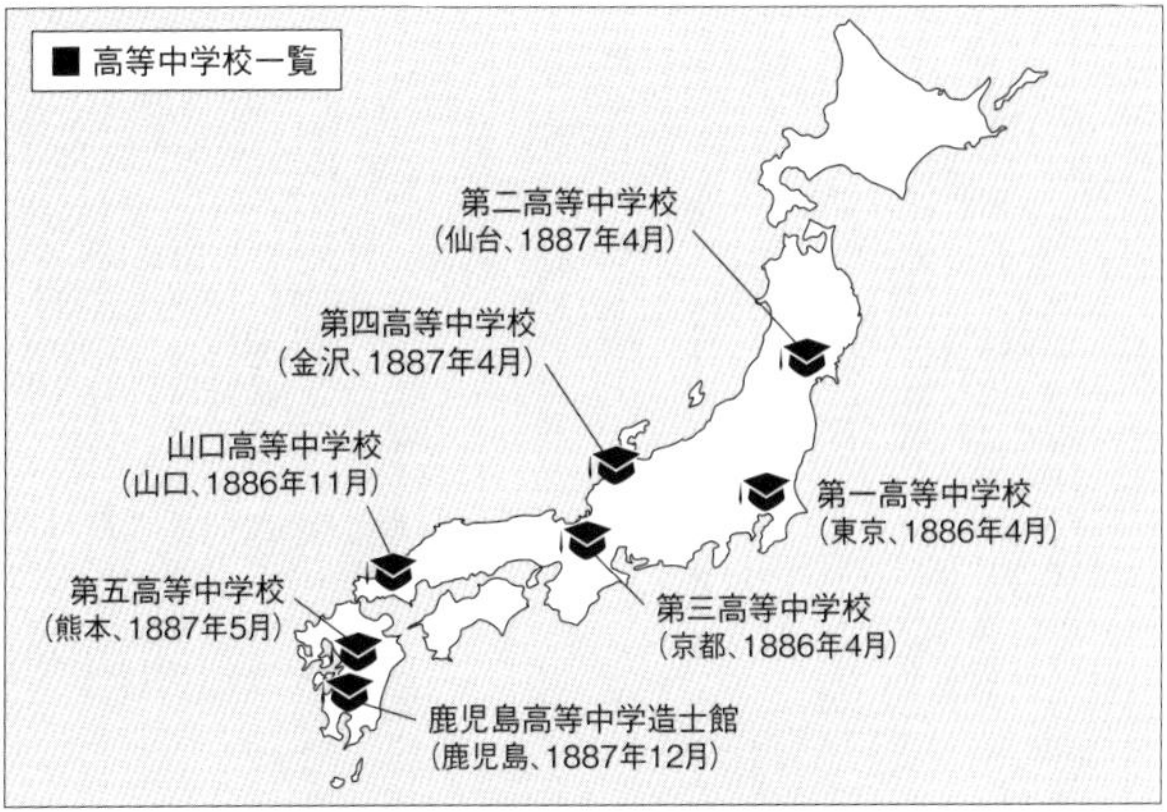

旧制高等中学校は全国で７ヶ所設置された。

ステムにすることが課題であり、官立教育機関の出発点でもあった。森は、その理念に粛々と従ったのだ。

●東大入学のマル秘ルート

森の理念は素晴らしいが、現実はそう簡単にはいかない。明治政府樹立の立役者である薩摩と長州は、おおいにゴネた。高等中学校は日本のエリート養成学校であり、卒業すれば、ほぼ帝国大学に入学することができた。帝国大学に入学するということは、ゆくゆくはこの国を背負う人材になる、つまり政治家や官僚という身分を保障されたことを意味する。

そんな重要な教育機関は地元にあった方がなにかと便利だし、都合がいい。政治を自分たちが牛耳るためにも、地元と中央政界のパイプを太くする高等中学校は不可欠だった。薩長は官立高等中学校が設置されないなら、自分たちで高等中学校をつくるという強硬策に出た。

山口県は旧藩主・毛利元徳を中心に寄付金約22万円を集めた。第三高等中学校の建設費が16万円だから、山口県がいかに高等中学校設置を熱望していたかがわかるだろう。同様に、鹿児島県にも第七高等中学校造士館が造られた。

山口高等中学校と第七高等中学校造士館は学校の管理方針について文部省に従ったことから、高等中学校として認められた。それでいて、運営財源は地元の寄付金など自前で調達したこともあって入試の裁量権は独自に与えられていた。

そうした裁量権をフル活用した山口高等中学校は、山口・萩・豊浦・徳山・岩国の5校出身者を無試験で入学させた。繰り返しになるが、当時は高等中学校に入学すれば、ほぼ自動的に帝国大学に入学することが可能だった。山口県出身者には、山口高等中学校に無試験で入学し、日本最高学府の東京帝国大学に入学してしまうという裏技が使えたのである。

この裏技を使って東京帝国大学に見事入学したのが、後に京都帝国大学教授として活躍する河上肇だった。河上は岩国学校から山口高等中学校に入学し、東京帝国大学に進学している。

しかし、そうした裏技が使えたのも短い期間だった。政府は明治35（１９０２）年に高等中学校の入試を全国共通試験に切り替えた。これで、東大合格への抜け道も消滅したのだった。

Episode : 20

【日本初の鉄道路線も決めた治外法権地帯】

築地と外国人の不思議な縁とは？

長らく鎖国を実施していた徳川政権は、ペリーの来航で政策を急転換させることになった。大老・井伊直弼は、箱館と下田の2港を開港。これにより鎖国政策は終焉を迎えることになった。

嘉永7（1854）年の日米和親条約につづき、安政5（1858）年には日米修好通商条約が結ばれた。これまで2港だった開港場は拡大されて、箱館・新潟・横浜・神戸・長崎の5港が開かれることになった。以降、同様の条約を諸国と結んだことで、訪日外国人数は急増していく。

当然ながら、攘夷派から外国人は敵視された。そして、外国人が増えてくると日本人との揉め事も増加する。その代表的な事件ともいえるのが、薩摩藩がイギリス人を無礼討ちした生麦事件だ。

生麦事件は日本の作法を知らぬ外国人が大名行列に非礼を働き、薩摩藩士たちが外国人を斬りつけたという事件で、薩英戦争の引き金になった。当時、薩摩藩の軍事力は日本最強との呼び声が高かったが、薩摩藩は英国の前にあっけなく敗れさった。

薩英戦争後も来日する外国人は増え続けた。このまま、何か手を打たなければ第二・第三の生麦事件が起きるかもしれない。再び薩英戦争のような戦争が起これば国力は消耗し、日本は弱体化してしまう。

江戸幕府としては西洋諸国との無用な衝突は避けたかった。そこで、考え出されたのが外国人を隔離する居留地だった。居留地は主に開港場につくられたが、遅れて江戸や大阪といった大都市にも整備されることになったのだ。

●外国人居留地、築地の誕生

東京には、諸外国と幕府との交渉窓口となる外国公館が設置されていた。そうした外国公館は、攘夷派から襲撃対象になっていた。そこで、東京に居留地をつくると同時に、幕府外国公館も居留地に移転させようという計画が立てられた。江戸幕府が東京の居留地として選んだのは、将軍家の別邸浜御殿（現・浜離宮恩賜庭園）の近くに造成されていた築地鉄砲洲と呼ばれる埋立地だった。

明治時代の築地居留地。奥に西洋風の街が広がっているのがわかる。

築地鉄砲洲一帯には、武家屋敷が林立していた。居留地を造成するといった大義名分のもと、幕府は強制的に武家屋敷を移転させていく。しかし居留地の建設中に幕府は崩壊。明治政府も外国人たちの安全を確保する必要性を感じ、居留地の造成は引き継ぐことになった。

政府の資金で宅地造成してもらった外国人たちだが、築地居留地に滞在する外国人たちは、無断でエリア外に出かけることは禁じられた。自由に移動ができないという息苦しい点はあったが、条約で治外法権が認められていたこともあり、居留地の外国人は裕福で優雅な生活を送っていたようだ。居留地には、諸外国の独特の文化が根づき、ミッションスクールや教会といった西洋建築が建ち並ぶ、まるで異国のような風景が広がっていた。

居留地は一般市民の立ち入りが禁じられており、

現在の築地。写真中央にあるのが、築地市場だ。

役人であっても容易に足を踏み入れることはできなかった。日本人の目が届かないのをいいことに、築地居留地は不法滞在やアヘン密輸、密造酒販売の温床になっていた。明治政府は先物取引が経済を混乱させると禁じていたが、築地居留地に滞在する外国人たちは会社まで設立して先物取引を行っていた。

●日本初の鉄道も築地が影響

築地居留地は、明治の都市計画にも影響を与えた。日本で最初に敷設された鉄道路線は、明治5（1872）年に開業した新橋駅～横浜駅であることはよく知られている。この新橋駅とは、いまの新橋駅ではない。現在は新橋停車場として復元されている旧汐留駅こそが日本で最初に開業した鉄道の起点・新橋駅だった。

新橋駅は大正3（1914）年に東京駅が開業すると、貨物駅になってしまう。そして、駅名も汐留駅と変えられた。同時に烏森駅が新橋駅を名のることになり、現在まで新橋駅として君臨している。

日本最初の鉄道駅が、築地に近いところに造られたことを考慮すると、明治政府が鉄道路線を計画したときに利用者として想定していたのはあくまで外国人だったことがわかる。

開港場や東京・大阪の居留地は、不平等条約が産み落とした産物だったが、日清戦争で勝利したことで条約が改正されることになり、居留地は廃止された。形式上は消失した築地居留地だが、最終的に築地居留地を壊滅させたのは関東大震災だった。震災で多くの建物が崩壊したことで外国人たちは思い思いの地に引っ越していった。

そして、同じく関東大震災で機能不全に陥っていた日本橋魚河岸市場が築地居留地の跡地に移転してくる。この魚河岸市場こそが現在の築地市場なのである。

近年の築地市場は、外国人観光客の人気観光地になった。かつて外国人の楽園だった場所に、再び外国人が戻ってくる。偶然とはいえ、外国人との不思議な縁を感じさせてくれるスポットといえるだろう。

Episode : 21

【吉祥寺にある人気スポットの意外な過去】

井の頭公園は矯正教育の場だった？

住宅情報誌などでは、常に住みたい街ナンバーワンの座に君臨する武蔵野市吉祥寺は、都心と違わぬ繁華街と閑静な住宅街がほどよく混在する。

そうした吉祥寺の人気を押し上げているのが、駅の南側に広がる井の頭公園だ。井の頭公園は若いカップルから子連れファミリー、近隣住民たちの憩いの場であり、緑にあふれた広大な敷地は喧騒を忘れることができる空間となっている。

●井の頭公園は水源地だった

井の頭公園は、神田上水の水源となっている井の頭池があった。水道が普及していない時代にあって、生命の根幹を支える飲用水の確保は最大の課題。井の頭池一帯は徳川幕府による手厚い保護下に置かれていた。しかし、明治になって新政府発足の混乱により、連絡の引き継ぎ

武蔵野市と三鷹市にまたがる井の頭恩賜公園。敷地面積38万平方メートルの緑豊かな公園で、市民の憩いの場になっている。

の不備から政府は明治4（1871）年に井の頭一帯を民間人に売却してしまう。井の頭池の重要性を再認識した政府は、翌年になって慌てて売却地を買い戻している。

後に井の頭公園となるエリアは、政府が買い戻してからは内務省や東京府が管理するようになり、明治22（1889）年に帝室御料林となって手厚い保護下に置かれた。いわば、東京府民は天皇から水を無償で与えられるという形態をとることになったのである。

●少年たちの更生施設がつくられる

御料地となった井の頭池に大きな変革が訪れたのは明治33（1900）年だった。東京養育院の院長を務めていた渋沢栄一が、井の頭池一帯に養育院の感化部を移設したいと願い出たのである。

明治政府が新制度をスタートさせると、職を失った武士などが町に溢れた。大半は再就職をしたが、なかには仕事にあぶれて神田の貧民街へと流れていく者もいた。明治政府としては失業者を救済すると同時に貧民街の解消を図らなければならず、救済施設をつくることになったのである。

しかし、貧民救済に関して、消極的な政治家は多かった。明治政府は発足したばかりで財源が乏しく、「貧民たちは努力をしない怠け者である、そんな者たちに税金を投入することは無駄だ」というのが反対派の主張だった。

こうした主張に対して、渋沢は公然と反対を唱えた。実業界の大物である渋沢に反対を唱えられたら、それ以上強く発言できる財界人はいなかった。

小石川にあった東京養育院は、貧民を救済する部門と非行少年たちの更生をする2部門に分かれていた。渋沢は東京市内が急速に都市化していくのを目の当たりにし、郊外の広い土地に非行少年の更生施設を移そうと考えた。そこで目をつけたのが、皇室御料地となっていた井の頭池だった。

渋沢の提案は受け入れられ、井の頭池端に井の頭学校が設立されることになった。自然豊かな広大な敷地は、青少年たちの更生の場としては相応しかったが、雑木林が生い茂る茫洋とした風景を見て、渋沢は井の頭学校周辺を整備しようと考え始める。

井の頭養育院本院と院内の風景（左上）（『東京市養育院年報 第45回』大正4年）

そこで、声をかけたのが東京市の職員として公園の整備にあたっていた井下清だった。

渋沢は井の頭学校の卒業式に井下を招待し、井下に井の頭学校に隣接する土地に花壇や庭園をつくってほしいと依頼した。当時、まだ東京市役所内で公園を本格的に整備するという考えはなく、井下も道路課という部署で園芸係として街路樹整備などを担当していた。だが、井下は以前から市民が広く集える公園整備の必要性を感じており、海外から専門書を取り寄せるなどして独自に学んでいた。

渋沢の依頼に対して、井下は公園を整備した方がよいと提案する。公園を整備すれば井の頭学校の卒業生をそのまま公園の職員として雇えるし、今後の公園整備にもプラスになる。

井下の提案に渋沢は大賛成し、翌年には宮内省とかけあった。また、東京市長の阪谷芳郎も政府に働きかけている。阪谷は渋沢の娘婿でもあり、内実は行政が渋沢の井の頭公園計画を全力でバックアップしたということになる。

こうした渋沢の熱意が実り、皇室は井の頭一帯を東京市に下賜した。公園用地を手に入れた井下は、井の頭池一帯を公園として整備した。そして、現在のような市民が憩う井の頭恩賜公園が誕生したのである。しかし、その後も東京の都市化は急速に進んだ。井の頭恩賜公園の周辺は、みるみるうちに自然が失われていき、非行少年の更生施設を設置する場所として、徐々にそぐわなくなってきた。そうした背景から、井の頭学校は昭和14（1939）年に郊外へと移転した。

井の頭学校の跡地は、昭和17年に井の頭自然文化園としてリニューアルした。非行少年の更生施設はなくなったが、井の頭自然文化園には現在でも自然に触れ合える場所として子どもたちが集まっている。

Episode : 22

【なにかと物議をかもす日本一有名な神社】

靖国神社に観覧車があった?

千代田区九段にある靖国神社は、ある意味、日本でもっとも有名な神社といえるかもしれない。毎年、終戦記念日の頃には、総理や閣僚が参拝するかどうかで国内外を問わず大いに話題になっている。よく政府要人が訪れることから、国が管理する神社のように思われがちだが、そうではない。現在では独立した宗教法人が運営主体になっている。

いったい靖国神社とは、どういう意図で建てられたものなのだろうか。また、なぜ国ではなく、独立した宗教法人が運営しているのだろうか。

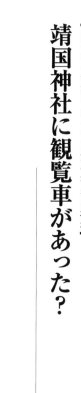

●明治維新の戦没者のための招魂社

靖国神社がつくられたのは、明治初頭のころだった。

幕末、江戸幕府が倒れようとする頃、薩長連合軍は祭政一致と神祇官の再興を掲げ、神道の国教化を図った。新政府軍と旧幕府軍の戦争は互いに多くの死者を出したこともあって、明治新政府は国内融和のための招魂祭を慶応4（1868）年に催行。以後、明治維新における内戦の戦没者の慰霊祭祀が日常化するようになった。

すでに東京に奠都を決めていた明治天皇は東京に招魂社を造営することを命令、新政府の重鎮たちは敷地の選定に動いた。招魂社の建設に特に熱心だったのが、旧長州藩士の大村益次郎や木戸孝允だった。

当初、招魂社の造営地として有力だったのは、上野の寛永寺だった。だが、戊辰戦争で幕府軍の残党が寛永寺に立てこもって抗戦したことがネックになった。寛永寺はいわば賊軍の本拠地といえる場所。そんなところに新政府のために命を賭けて戦った志士たちを祀れるわけがなかった。

そのため、都心に近く、木戸孝允の屋敷地に隣接し、広大な空き地だった九段が選ばれることになった。責任者として敷地の選定から社殿の建設まで指揮した大村は、新政府内でも軍事に関しては右に出る者がいないと言われた兵学者だった。

大村は軍隊における戦意高揚と、精神教育のために、東京招魂社のような宗教施設が必要だと考えていた。他方で、木戸は東京招魂社を軍事色が濃すぎるものにしてしまうと、一般市民の足が遠のくと考えた。そこで、軍人のみならず一般市民が集えるように、桜を植樹している。

明治時代末の靖国神社（『東京風景』明治 44 年）

明治維新後の明治2（1869）年、仮殿が完成したのを機に、明治政府は東京招魂社で戊辰戦争の戦没者招魂祭を行った。ちなみに、仮殿での招魂祭を終えた後、大村は京都に向かっているが、その旅路で襲撃されて死亡する。木戸も明治10年に病死。靖国神社の土台を築いた2人が、桜が咲き誇る靖国神社を見ることはなかった。

●靖国神社は軍部の管轄へ

大村亡き後、陸軍のリーダーとして長州藩出身の山県有朋が頭角を現した。山県は招魂社の本殿完成を受け、祭主として本遷宮を執行している。

陸軍と東京招魂社の関係が濃密だった理由は、東京招魂社が従来の神社という扱いを受けなかったからだ。明治期、神社はすべて教部省の管轄下に置かれたが、東京招魂社だけは兵部省の管轄になっていた。兵部省はすぐに陸軍と海軍に分離したが、東京招魂社は陸軍と海軍が共同で管理するしきたりになった。山県が本遷宮の祭主を務めたのは、自分こそが陸軍のリーダーであると内外に誇示する意図があったからだろう。

明治7（1874）年、山県有朋を祭主とした例大祭に合わせて、初めて明治天皇が東京招魂社を行幸する。明治天皇は自筆で御製をしたためて、金泥地の色紙を下賜した。

こうしたいきさつを経て、東京招魂社の職員は官員であることが定められる。しかし、歴史が浅いことから、伊勢神宮や日光東照宮、南朝の忠臣・楠木正成を祀る湊川神社などと比べると東京招魂社の社格は高くなかった。序列は高くなくても、臨時例大祭ごとに天皇が参拝するという天皇との結びつきの強さが考慮されて、厚遇されていた。

明治12（1879）年、政府は東京招魂社から靖国神社への改称を決定する。改称した理由は、国家神道関係者から〝招魂〟という言葉が一時的に招き降ろして祀る祭儀を意味するので、神社の名称に相応しくない、という意見が出たからだった。

そうした意見を受けて、陸軍・海軍関係者は、日本唯一の軍による宗教施設であることをアピールするために、古代中国の史書『春秋』を参考に、靖国神社に改称する。

名称を変えて歴史的由緒を持たせる一方、明治40（1907）年には集客目的で境内に観覧車が設置された。英霊を祀る神社の境内に観覧車など不謹慎だ、と眉をひそめる人もいそうだ

明治 40 年に期間限定で靖国神社の境内に設置された観覧車。当局の許可がおりなかったため、人力で動かしたとされる。(『風俗画報』364 号)

が、むしろ陸軍省は観覧車を歓迎していた。当時、観覧車は全国でもまだ少なく、物珍しさもあって、日露戦争に勝利した後の例大祭には多くの人が押し寄せた。

観覧車がすこぶる好評だったことから、業者は設置期間を1ヶ月延長したいと願い出た。陸軍はその業者の申請を快諾している。

●戦後は単立宗教法人として独り立ち

その後、靖国神社は戦没者の慰霊施設としての色を強くしていった。だが、太平洋戦争で日本が負けると、その軍事色は急速に弱まる。靖国神社を管轄する陸軍省と海軍省は、第一復員省・第二復員省と改組されて、軍機能を喪失したからだ。

ＧＨＱは靖国神社を危険視したが、靖国神社そのものを廃止するのではなく、国家神道を廃止するだけにとどめた。全国の神社は神社本庁の管轄下に置かれることになったが、靖国神社は神社本庁に所属しない単立の宗教法人となった。

昭和27（1952）年、日本とアメリカはサンフランシスコ講和条約を締結し、占領が解除された。主権を回復した日本政府内では、早くも靖国神社を国営化しようとする動きがではじめる。しかし、靖国神社を国営化するための法案が思うようにまとまらず、時代とともに忘れられて、現在に至っている。

昨今、桜の名所として春には花見客でごった返す靖国神社は、時に総理大臣が参拝することで中国や韓国が反対声明を出すなど、その注目度は国内の枠を超えているのは間違いない。

ちなみに、靖国神社のシンボルでもある大村益次郎の銅像は、初代司法大臣として活躍した山田顕義の発案で明治25（1892）年に建立された。山田が靖国神社に大村像を建立しようと声を上げたのは、当時は日本全国で功績者の銅像を建立することがブームになっていたからだった。当時の東京には、まだ人物を顕彰する銅像は建立されていなかった。山田の発案はすぐに賛同を集め、大村像は東京初の銅像という名誉に浴することになった。

【第三章】 都市と繁華街の150年

Episode : 23

【焼け野原に誕生した日本初の防火都市】

銀座煉瓦街を作った近代化の夢とは?

明治の東京は、京都から天皇を迎えて意気盛んと思われがちだが、実態は大きく違う。江戸幕府に仕えていた大名たちは、明治政府の誕生という政権交代を目の当たりにして、自分たちの領地にそそくさと戻った。武士たちを相手にビジネスをしていた商人たちの多くも、顧客がいなくなった東京に見切りをつけて去っていった。武士・商人が大量にいなくなったことで、東京の人口は激減したのだ。

初代東京府知事・烏丸光徳《からすまるみつえ》は、有栖川宮熾仁親王に従ってやってきた三条実美の部下で、江戸府知事に任じられた。明治政府の樹立前後の混乱で、前職をそのまま引き継ぐ形で知事に就任したにすぎない。

実質的な初の東京府知事は、2代目の大木《おおき》喬任《たかとう》だった。東京府知事に就任した大木は、首都・東京の現状を目の当たりにして愕然とした。

第二代東京府知事の大木喬任（左）と第四代東京府知事の由利公正（右）

江戸城の周囲の武家屋敷はもぬけの空となっており、なかには野盗が住み着いているようなところもあった。東京の治安は著しく悪化し、街は荒廃していたのだ。

●東京府知事の東京再生計画

しかし、発足したばかりの明治政府には、それらの武家屋敷を処分する時間も余裕もなかった。そこで、大木東京府知事は、空っぽになった武家屋敷を桑畑・茶畑に転用することを思いつく。

当時、日本の輸出品といえば、お茶と生糸だった。明治政府は外貨を獲得するために、輸出用のお茶と生糸の生産を奨励した。東京の中心にあった武家屋敷を桑畑・茶畑に変えるという大木の政策は、政府が掲げる殖産興業に合致するものだったのだ。

この桑茶政策によって、皇居周辺はみるみるうちに桑畑・茶畑に転換された。今となっては考えられないことだが、東京都心部には広大な農地が広がったのである。

しかし、大木の桑茶政策は思うような成果をあげられず失敗。東京の都市開発は別の方法を模索しなければならなくなった。

都市計画が動き出したのは、四代目府知事の由利公正《ゆりきみまさ》の在任時だった。由利は明治4（1871）年に東京府知事に就任したが、特に府政に長けていたわけではない。福井藩出身の由利は、財政が逼迫する福井藩を藩札改革や金融改革などで黒字に転換したという実績があった。その財政手腕を買われて、府知事に任命されたのである。

由利が府知事に就任して間もなく、銀座大火が起きる。和田倉門の旧会津藩邸から出た火は、大風に乗って銀座の街を焼き尽くした、明治政府が最初に直面したといってもいいほどの大災害だった。

灰燼に帰した銀座の街を再建するにあたり、明治政府と東京府は全精力を傾けることとなった。銀座は江戸時代から続く繁華街で、東京の顔ともいえるエリアだった。

銀座は日本のバロメーターとしての可能性も内包していた。銀座が近代化すれば、それを見た西洋人たちは「日本はなんと進んだ国だろう」と思うに違いない。明治政府首脳たちは、そ

昭和初期の銀座大通り（『大東京名所百景写真帖』昭和11年）

う考えて銀座を再建する準備を進めた。特に銀座再建に熱心だったのは、大蔵省の渋沢栄一、外務省の井上馨、内務省の三島通庸《みしまみちつね》、東京府知事の由利公正だった。

4人がまず手をつけたのは、建物の改造だった。西洋人に強いインパクトを与えるために、銀座をモダンで西洋的なレンガ建築にしようという案が出された。銀座をレンガの街にするという構想を積極的に支持したのは井上と三島だった。井上が建物の西洋化に固執したのは、近代化した街を西洋諸国に見せつけることで、不平等条約を改正させる狙いがあったとされる。

銀座の家屋をレンガ造りにするメリットは、外国に対する見栄ばかりではなかった。レンガ造りの建物は、木造建築に比べて火事に強い。江戸時代、〝火事と喧嘩は江戸の華〟と称されるほど、火事が頻発していた。有名な火事といえば明暦の大火がすぐに思い浮かぶが、ほかにも天和の大火、明和の大火、文化の大火など、大火災は数え切れないほど起きている。そうした火災にも対応できるよう、日本初の防火都市をつくろうとしたのだ。

銀座煉瓦街の実現のため、由利は家屋の間引きを強行。道幅を広げることで火が燃え移るのを防ごうとした。家屋の間引きは、同時に道路の拡幅にもつながり、交通政策にも寄与している。

しかし、こうした理念を実現するだけの技術は、当時の日本にはなかった。そこでお雇い外国人の出番となる。

●ウォートルスの目指した銀座

銀座再興のための図面を引いたのは、イギリスから招聘されていた建築技術者のトーマス・ウォートルスだった。ウォートルスは幕末からすでに薩摩藩で仕事をしており、その腕は誰もが認めていた。明治政府が誕生すると、大阪造幣寮（現在の造幣局）の建設を手がけ、政府からの信任も得ていた。

銀座煉瓦街はウォートルスの集大成ともいえる計画だった。建物の建築計画から、煉瓦やブロックといった当時の日本では手に入りにくい材料の調達・製造まで、彼が一手に引き受けた。

ウォートルスは道路を拡幅して歩道と車道を分離すると、メインストリートには街路樹まで植栽。ガス灯を設置して夜でも明るい街にするなど、細やかな配慮を巡らせた。

井上と並び銀座煉瓦街の日本人立役者として名前が挙がる三島通庸は、一般的に知られた人物ではない。しかし、都市計画に執念を燃やしたという点では井上に勝るとも劣らない人物である。

三島はウォートルスの銀座煉瓦街を間近で見て学ぶと、そこで得たノウハウをほかの地方にも転用する。

明治7（1874）年、三島は現在の山形県庄内地方を管轄する酒田県令として赴任すると、酒田や鶴岡といった城下町の小学校を洋風建築に改築した。当時、まだ地方には洋風建築を手掛けられる職人はおらず、職人たちは見よう見まねで西洋風建築をつくった。そのため、この時期に建設された西洋建築は、厳密には西洋建築ではないので擬洋風建築と呼ばれる。

その後、三島は福島県令と栃木県令を歴任し、内務省土木局長として復職。東京に戻ると、地方で培った経験を活かして井上馨の官庁集中計画に力を貸すことになった。

西洋に追いつけ追い越せという号令の下でつくられた銀座煉瓦街だったが、太平洋戦争の空襲で全滅。いまも銀座は高級な街として輝き続けているが、煉瓦街の面影は残っていない。

Episode : 24

丸の内は外国の寄せ集めの街だった？

【イギリス風、アメリカ風、オランダ風が入り乱れる】

明治5（1872）年に新橋駅～横浜駅間で開業した鉄道は、順調に線路を延ばした。山手線・埼京線になる日本鉄道品川線が開業して、品川駅～赤羽駅間が線路でつながり、同じく山手線として機能する田端駅～池袋駅間に日本鉄道豊島線が開業するなど、東京には鉄道が次々と整備されていった。

東京の大動脈を担う山手線は着々とつくられていったが、日本の鉄道の中心地ともいえる東京駅は、明治にはなかった。東京駅が開業するのは大正3（1914）年のことだ。

●丸の内開発は東京駅設置計画と同時に始まった

東京駅の建設計画が浮上したのは、明治10（1877）年の頃。鉄道網が広がりをみせるようになり、政府内でも中央駅の設置が検討されるようになる。内務省は東京を大改造する「東

明治後期の丸の内。洋風建築が建ち並び、一丁倫敦と称された（『東京風景』明治44年）

京市区改正計画」をプランニングしていたが、そこにも中央駅の計画が盛り込まれていた。

市区改正計画が固まり、東京駅の建設計画が進み出した明治23（1890）年、丸の内一帯の土地は三菱財閥に払い下げられた。東京駅前といえば、いまでこそビジネスマンが闊歩する一大オフィス街だが、当時はまだ野原が広がる荒れ地だった。

明治27年、そんな荒れ地に三菱一号館が竣工する。三菱一号館はイギリス出身のお雇い外国人、ジョサイア・コンドルが設計。文明開化を印象づけるようなレンガ造りの西洋建築は、人々の注目を集めた。

三菱財閥は、丸の内にオフィス街を造成するにあたって、周辺区画の地主たちに木造家屋の建設を禁じる一方的な通告を行った。一企業にすぎない三菱が住民に木造建築を禁止するなどずいぶん乱暴な話だが、地主たちはそれに従うしかなかった。

三菱の都市開発により、丸の内はロンドンを彷彿とさせる街並みに一変した。一帯は「一丁倫敦《いっちょうろんどん》」と呼ばれる街区になった。三菱による丸の内開発はその後も続き、大正7（1918）年には東京海上ビルヂング（地上7階）が、大正12年には丸ノ内ビルヂング（地上8階、地下2階）が完成。高層ビルのはしりでもあるこの2つのビルは、丸の内の顔ともいえる存在になった。

●都民の足、都電が登場

丸の内にオフィス街が形成されると、そこに通勤するための足が必要になる。その足を担ったのが電気鉄道、のちの都電である。電気鉄道は住宅街と丸の内をつなぎ、電気鉄道に乗って通勤するという生活スタイルが明治後期には生まれた。

大正3年に東京駅が開業すると、丸の内のオフィス街としてのポテンシャルはさらに高まる。三菱は都市開発の手を休めず、昭和初期には丸の内にアメリカ風建築のオフィスビルが並んだ。これらは「一丁倫敦」と対比して、「一丁ニューヨーク」などと形容された。

赤レンガ駅舎の東京駅は、長らくオランダのアムステルダム駅舎を参考にして設計されたといわれてきた。近年、東京駅とアムステルダム駅は建築様式がまったく異なることから、この説は否定されている。東京駅とアムステルダム駅は、単なる他人の空似だったのである。

それでも多くの人たちは東京駅がオランダ風建物であると信じていた。実際、平成18（2006）年には、東京駅とアムステルダム駅は姉妹駅提携を交わした。アムステルダム駅を模したと勘違いされた東京駅は、長年の誤解が既成事実化してしまったのである。

その後、東京駅の丸の内にはロンドン、ニューヨーク、オランダ・アムステルダムという国際都市が混在することになる。

日本人はこれらの国々を西洋とひとくくりにしがちだが、同じアジアでも日本と中国、韓国の文化や生活様式が異なるように、イギリス・オランダ・アメリカの文化も伝統もまったく違う。これだけ狭いエリアに多国の建築物が密集して、丸の内はカオスな状態にある。

丸の内は、外国文化を取り入れるにあたって迷走した様子が凝縮している。そんな状態になったのは、ひとえに西洋は先端だと思いこんでしまう日本人の国民性、劣等感に起因しているといえるだろう。

Episode : 25

霞が関にあった二大省庁の戦いとは？

【明治の官庁街集中計画の陰にある外務省VS内務省】

霞が関は官庁街やそこで働く官僚たちを示す暗喩としても使われるが、江戸時代からこの場所に官庁舎が立ち並んでいたわけではない。

江戸から明治に時代が移り、政治体制は大きく変貌を遂げた。江戸城周辺に密集していた江戸藩邸は、明治政府の上知令によって没収された。政府は屋敷地を大名から奪取し、そのまま政務を執り行う場所として継続しようとした。

だが、江戸藩邸は職場である一方で生活の場でもあった。農家や自営業者ならともかく、役所が職住一体であることは公私の区別がつきにくく、好ましい状態ではなかった。

職住一体の状況を改善する動きは、明治維新の混乱が収まった明治3（1870）年頃から始まった。大規模な予算を組む必要があったので時間はかかったが、明治8年には工部省が官庁集中計画をまとめた。ところが、この工部省の計画は、いつの間にか消えてしまう。

井上馨が建設に尽力した鹿鳴館（『東京景色写真版』明治26年）

明治政府には課題が山積みで、なかでも諸外国に押し付けられていた不平等条約の解消――関税自主権の回復と領事裁判権の撤廃が焦眉の急だった。それらを最優先させたので、官庁街の建設はおろそかになったのだ。

●外務大臣の描いた官庁街整備計画

官庁街整備計画が再び動き出すのは、明治18（1885）年に、井上馨が外務大臣に就任してからだった。

井上は不平等条約改正に熱心に取り組んだ政治家で、鹿鳴館を建設した人物としても知られる。鹿鳴館は贅沢の極みだと批判されたが、井上にとっては社交界のマナーを学ぶことは、西洋文化を学ぶことでもあった。鹿鳴館は井上の中では不平等条約改正のための第一歩だったのである。

井上の考えを支持した伊藤博文は、明治18年に総理大臣に就任すると井上を外務大臣に起用。井上は外国を飛び回って条約改正の交渉をするよりも銀座煉瓦街をつくるなど、国内の西洋化に力を入れた。そして一度は途絶えていた、日比谷に官庁街を建設するという〝官庁集中計画〟の青写真を描いたのだ。

本来、都市計画は内務省の所管である。しかし、都市計画において当時、井上より右に出る人物はいなかった。井上は内閣府に臨時建築局という特命チームを作り、外務大臣兼任という形で総裁に就任。特命チームのスタッフには、自分の思想を具現化できる人物を起用した。

●ライバル省庁からヘッドハンティング

そこで取り立てられたのが、銀座煉瓦街でも井上の右腕として働いた、三島通庸《みしまみちつね》である。

しかし、外務大臣の井上が三島を起用するには、大きな問題があった。三島は当時、警視総監の職にあった。警視庁は内務省の一機関だから、三島は内務官僚ということになる。内務省は都市計画を担当する省庁で、いわば、井上が総裁を務める臨時建築局とは敵対する間柄である。そんな内務省から人材を引き抜けば、井上への風当たりは厳しくなることは必至だった。

しかし、井上はこのヘッドハンティングを強行。グランドデザインの担当者として、ドイツ人技師のヘルマン・エンデとヴィルヘルム・ベックマン、さらにその先輩格のドイツ人技師

東京の都市計画を推し進めた井上馨（左）と三島通庸（右）

ジェームス・ホープレヒトまで招聘し、盤石の体制を組んで、官庁集中計画を練り上げていった。

しかし、この官庁集中計画は思わぬところでつまずく。当時、井上は不平等条約の改正にも取り組んでいたが、その交渉に失敗。世間や政権内から容赦ない批判が浴びせられ、井上は外務大臣だけでなく、臨時建築局総裁も辞めさせられることになった。

結局、総裁の井上が舞台から去ったことで臨時建築局は消滅。井上の構想が実現したのは司法省と裁判所だけで、官庁集中計画も白紙に戻されることになったのだ。

●都市計画は内務省のもとに

井上が失脚すると、東京の都市計画の実権は内務省に戻ってきた。内務省は明治15（1882）年前後から東京府知事、内務大臣などを務めた芳川顕正を中心に市区改正計画を議論してきた。

井上に一歩先を越されたために、内務省は市区改正計画にGOサインを出してもらえず、ずっと待機させられていた。井上失脚後、内務省の市区改正計画は息を吹き返し、東京の大改造が始まる。だが、この計画にも十分な予算を与えられず、日比谷公園の整備など一定の成果は上げるも、井上が掲げた官庁集中計画のような抜本的な改革は行えなかった。

現在、中央官庁のほとんどは霞が関一帯に集中しているが、これは関東大震災で官公庁舎が被災し、再建時に霞が関に集められた結果だ。

官庁が霞が関に集中する以前は、大手町にも数多くの官公庁舎が立ち並び、大手町官庁街と呼ばれていた。読売新聞社近くの日比谷通り沿いには大蔵省と内務省があり、そこから東京駅方面に向かうと農商務省や工部省があった。神田方面には特許庁や会計検査院、印刷局や文部省が並んでいた。

大手町一帯に散在した官公庁舎は木造建築だったために関東大震災で全半壊した。その後、同じ場所に仮庁舎が建てられたものの、震災の混乱が収まると新天地の霞が関に移転した。明治期に井上が夢見た官庁集中計画は、大正期の関東大震災を経て実現することになったのだ。

Episode : 26

【遊園地、歌舞伎劇場、そして動物園……】

幻に終わった新宿健全都市計画とは？

アジア随一の歓楽街、新宿・歌舞伎町。多くの飲食店がひしめき合い、夜明けまでネオンが輝き続けるこの街は、その様子から〝不夜城〟とも称される。

いまでこそ猥雑な香りのする歌舞伎町だが、本来は健全な街を目指してつくられた街であることを知っているだろうか。

●新宿発展のきっかけは関東大震災

新宿が現在のように発展するきっかけは、大正12（1923）年の関東大震災だった。

関東を襲った未曾有の大地震により、東京の繁華街であった日本橋や神田、銀座が壊滅。同地に店を構えていた伊勢丹などの商店は、やむなく新宿に移転することを決断した。

当時の新宿は、現在とは比べようもないほど田舎であったが、新宿には東京市街鉄道の〝新宿駅〟があり、路面電車で日本橋や銀座、神田といった繁華街とつながっていた。老舗百貨店が集結した新宿には各地から買い物客が訪れるようになり、新宿もまたみるみるうちに発展を遂げようになる。

そんな新宿に目をつけたのが、不動産の申し子と称された、西武グループのドン、堤康次郎だった。

堤は箱根土地という会社を興し、軽井沢の別荘地を切り開いた不動産業界の風雲児で、軽井沢で成功を収めた後、温泉地として人気だった箱根のリゾート開発で巨万の富を得ていた。堤は東京進出を目指して、経済的に困窮していた華族たちが所有する都心の土地を買い漁った。そして、新宿にもその食指を伸ばした。

大正にもなると、サラリーマンを中心に日曜日を家族で過ごすライフスタイルが定着していた。私鉄各社は家族向けの遊園地を続々とオープンさせていた。堤はこの遊園地ブームに乗じて、箱根土地が東新宿に有する広大な敷地に、遊園地〝新宿園〟をオープンさせたのだ。

新宿園の敷地は、明治時代に米相場師として一代で財を築いた浜野茂の所有地だった。浜野邸周辺は江戸時代から宿場町として栄える内藤新宿が広がっていた。繁華街に近接しているので、堤は新宿園を浅草六区のような遊興地にしようと考えていたようだ。

新宿園は〝林泉の名苑〟と称される名庭園を配し、浅草六区のように敷地内に映画館や劇

箱根土地の新宿園（『建築写真類聚 第五期 第15 遊園地の建物』大正15年）

場も建設された。阪急が始めて好評を博していた宝塚歌劇団と同様に少女歌劇団の歌や踊りも上演。映画の公開撮影なども実施するなど、堤は時代に合わせた集客戦略を展開した。たちまち新宿園は、話題のレジャースポットになった。

ところが、オープンして数年後には新宿園の入場者数が伸び悩み始める。新宿園は資金がショートして大正15（1926）年に早くも閉園に追い込まれた。現在、この地はビルが建ち並び、遊園地の面影を偲ぶものはまったく残っていない。

●戦後の混乱期に生まれた歌舞伎劇場の夢

その後も新宿駅東側は商業施設が続々と建設されていった。その中で、特に大きな変化となったのが、昭和20（1945）年の終戦だった。

空襲で焦土と化した新宿駅前に、敗戦直後から夜店が軒を連ね、巨大な闇市が形成される。食糧難で東京都民が困窮していたこともあって、警察や行政も闇市の存在に目をつぶるしかなかった。

昭和24年、GHQの方針もあって取り締まりが強化されると、無法地帯だった新宿駅東口の闇市は一掃される。闇市を開いていた業者は東口から追い出されたが、龍宮マートを経営していた和田組は青線地帯だった花園街に移転した。この花園街に集まった飲み屋が発展したのが、いまの新宿ゴールデン街である。

一方、明治まで大村藩主の別邸があった歌舞伎町は、ゴールデン街とは違った道を歩んでいる。

昭和20年に疎開先から戻った鈴木喜兵衛は、復興を目的とした新しい街づくりに着手する。鈴木は手始めに地権者を訪ね歩いた。鈴木は歌舞伎町を近代的な商店街を中心にした、アミューズメントセンターにするつもりだった。実現には、地主たちの協力が不可欠だったのだ。鈴木は歌舞伎町を〝健全な娯楽センター〟にすべく、同地に歌舞伎を上演する劇場をつくる構想を持っていた。そこから街の名を歌舞伎町としたのだ。

鈴木が夢見た歌舞伎劇場の建設は、戦後の混乱期に預金封鎖や財産税の施行などが行われたこともあって、遅々として進まなかった。もたついているうちに、行政は歌舞伎町の大規模開発を規制する方針を打ち出す。結局、歌舞伎劇場の建設は宙に浮いた。

昭和10年頃の新宿。伊勢丹が見える（『東京市内商店街ニ関スル調査』昭和15年）

その後、鈴木の夢をさらに打ち砕く出来事が起こる。昭和33年、政府は売春防止法を施行、それまで黙認されていた売春業者を取り締まるようになった。その煽りで廃業に追い込まれた新宿2丁目（売春の非合法地帯〝青線地帯〟だった）の業者が、大挙して歌舞伎町に流れ込んでくる。こうして歌舞伎町はアジア有数の歓楽街になってしまった。

堤は遊園地、鈴木は歌舞伎座と種類は異なっても新宿の東側をエンターテイメント地帯にしようと考えていた点では一致する。実は行政にも同様の構想があった。それが新宿動物園計画だ。

上野動物園が手狭になったことを受けて、東京都が第二動物園をつくろうと動き出したのは終戦直後のこと。上野動物園の関係者は、陸軍戸山学校の敷地に動物園を造成しようとした。陸軍戸山学校の敷地は約10万坪もあり、規模としては申し分ない。大蔵省も承諾し、都議会でも開園にあたって追加予算を組むことが決まった。GHQからも内々に快諾の返事をもらっていた。

ところが、思わぬところから横槍が入る。GHQの別の部署から、陸軍戸山学校の跡地を住宅地にするプランが示されたのである。東京都は住宅を建設する代替地を提案したものの、GHQは都心部に近い住宅地建設にこだわった。都心近くに住宅を建設すれば、多くの人の目に触れる。そうなれば、GHQが日本の復興に力を注いでいることを内外に誇示することができるという理由からだった。

結局、この住宅建設案に押し切られて、新宿動物園計画は幻のまま終わった。上野動物園につづく第二動物園計画が結実するのは、昭和33（1958）年。東京都日野市にある多摩動物公園のオープンまで待たなければならなかった。

遊園地に歌舞伎劇場、そして動物園……、繁華街・新宿はそうした幾多の失敗を経て、築き上げてきたものだったのだ。

Episode : 27

【数々の幸運が重なり巨大な繁華街に…】

池袋は都内有数のラッキータウン？

都庁がそびえる新宿、若者が闊歩する渋谷と並び、東京の繁華街の代表格として扱われる池袋。平成20（2008）年に東京メトロ副都心線の池袋駅〜渋谷駅が開業し、その発展に拍車をかけた。

副都心のひとつにも数えられる池袋は、昭和30年代まで場末感が漂う街だった。それどころか、そもそも発展することさえ期待されていない土地だったのだ。

その証拠に、池袋駅東口から発着する都電は、全40系統のうち17系統のみ、つまり1系統しかなかった。たったひとつの都電が開業したのも、昭和14（1939）年とかなり遅い。市電が池袋にやってきたことで、ようやく都市化が進み出したが、それでも池袋は田舎者の街だったのである。

●池袋第一の幸運

池袋の歴史を振り返った時、池袋がここまで発展することができたのは、偶然の産物だったといえるかもしれない。

池袋に最初の都市化のチャンスが訪れたのは、明治18（1885）年の山手線の開業だった。山手線といえば、いまの池袋の発展を支える重要なインフラである。山手線の前身である日本鉄道品川線は赤羽駅〜品川駅で開業した。同時に途中駅として板橋駅、新宿駅、渋谷駅が、その2週間後に目白駅と目黒駅が開設された。しかし、池袋には駅がつくられなかった。日本鉄道としては、利用者が見込めない駅をつくっても利益にならない。池袋は無視されたのだ。

しかし、その18年後、突如、池袋に幸運が訪れる。

日本鉄道の本線は上野駅〜青森駅だったが、本線と品川線とを結ぶ迂回路として、田端駅から分岐する豊島線が建設されることになった。豊島線と品川線とがドッキングする地点は、当初、目白駅が予定されていた。

ところが、計画通りに線路を延ばしていくと、警視庁監獄巣鴨支署の敷地内に線路を敷設しなければならなくなった。巣鴨支署は明治28年に政府が国家の総力を挙げて開設したばかりの新しい施設だった。

近代国家を目指した明治政府は、不平等条約改正のために、諸外国に人権意識が高い国で

昭和11（1936）年の池袋周辺。左上にあるのが巣鴨拘置所（写真：国土地理院）

あることをアピールする必要があった。犯罪者の取り扱いはその国の人権意識を測るバロメーターでもある。そこで、明治政府は敷地面積4万8000坪という日本最大スケールの巣鴨支署を建設。設備も最新鋭のものが完備された。そんな巣鴨監獄を取り壊して、線路を敷設するわけにはいかない。

豊島線は巣鴨支署を迂回するルートで計画を練り直すことになった。そこで出たのが、田端から延ばした線路を、池袋で品川線にドッキングするという案だった。

こうしてついに池袋に念願の鉄道の駅が誕生。その後、池袋にはさらなる幸運が訪れる。

●池袋第二、第三の幸運

大正3（1914）年には、東上鉄道（現・東武東上本線）が、翌年には武蔵野鉄道（現・西武池袋線）が、それぞれ池袋駅まで線路を延ばしたのだ。

豊島線が建設された際、田端駅と池袋駅の間には巣鴨駅と大塚駅が新規に開業していた。大塚駅には、すでに王子電気軌道が走っていた。大塚に王電が走っていたのは、三業地があったからだ。三業地とは、芸妓置屋・待合・料亭の営業が許可されていたエリアで、その三業地を核に大塚には百貨店などが軒を連ね、多くの人が集まった。人が行き交う大塚に王電が走っていたのは当然だった。武蔵野鉄道は当初、大塚もしくは巣鴨を起点駅にしようと考えていた。しかし、建設資金の不足や東京府から池袋駅発着にするよう指示されたことが理由で、暫定的に池袋駅を起点に開業した。

東上鉄道も同様に池袋駅を起点にするつもりはなかったが、こちらも武蔵野鉄道と同じ理由で、暫定的に池袋駅発着で開業。結局、その状態が現在に至っている。東上鉄道も武蔵野鉄道も池袋で留まったことが、池袋にとって第二の幸運だったといえるだろう。

複数の鉄道路線が集約されたことで、池袋の街は目覚ましい勢いで発展した。しかし、そんな折に事件が起こる。池袋の片翼を担う東上鉄道が経営難に陥ったのである。東上鉄道が倒産してしまえば、池袋の発展にブレーキがかかることは誰の目にも明らかだった。

東上鉄道の経営陣は、東武鉄道の創業者である根津嘉一郎に助けを求めた。根津は鉄道界の重鎮で、親分肌の面倒見のいい人物だった。根津は東上鉄道を自身が社長を務める東武鉄道と合併させることで、東上鉄道を助け出した。こうした経緯から、東上線の正式名称は東上〝本線〟になっている。

東武鉄道東上本線、西武鉄道池袋線に名称変更した両線は、郊外にどんどん線路を延ばしていった。戦後になり両線の沿線人口は爆発的に急増し、東京のベッドタウンと化した。そんな状態でありながらも、先述したように池袋を発着する都電は、一路線しかなかった。

西武鉄道池袋線・東武鉄道東上本線から降りてきた利用者たちが、都心部に向かうには都電一路線では限界にきていた。そうした飽和状態にある池袋の交通不全を解消するために、戦後初の地下鉄は池袋駅と都心部を結ぶ丸ノ内線に決まった。

こうして昭和29（1954）年に池袋駅〜御茶ノ水駅間が部分開業を果たす。丸ノ内線の開業は、池袋駅にとって第3の幸運だった。

幸運に次ぐ幸運が重なって池袋は発展した。もはや、池袋を場末の街などと思う都民はいないだろう。池袋は、東京でもラッキータウンといえる街なのである。その後も池袋では、湘南新宿ラインの運行や東武鉄道との相互乗り入れ、さらには東京メトロ副都心線の開業などが相次いでいる。池袋のラッキーは、まだ続いている。

Episode : 28

若者の街、渋谷をつくった男とは？

【東急グループの総帥・五島慶太の執念】

渋谷は地下鉄銀座線のホームが東急百貨店の3階にあることからもわかるように、すりばち型の地形になっている。渋谷駅は谷間の底に位置しており、それだけに平野部が少なく、明治期から栄えた銀座や上野といった繁華街に比べると開発が難しい地形だった。

渋谷の発展の端緒は、明治18（1885）年に日本鉄道が現在の埼京線となる品川〜赤羽間を開業させたことだった。同区間が開業したとき、駅が設置されたのは渋谷・新宿・板橋で、そのうち新宿と板橋は宿場町としてすでにある程度栄えていた。

渋谷は、神奈川県伊勢原市の大山阿夫利神社への参詣道「大山街道」が交差する地点だったために駅が設置された。とはいえ、駅周辺は農村地帯だったため、開業日に渋谷駅を利用した人は誰もいないという寂しい状況だった。

渋谷が今のような若者の街として存在感を増すのは、東急グループの総帥・五島慶太の強引

大正末期の渋谷駅（© 毎日新聞社）

な手法と執念にほかならなかった。五島は後年になって〝強盗慶太〟とアダ名された人物で、敵対する企業の株式を買い占めて合併するという強引な手法で実業界の階段を猪突猛進してきた。

●五島慶太の渋谷改造計画

五島は鉄道院に勤務する役人だったが、役人を辞して実業界に入るきっかけをつくったのが渋沢栄一だった。渋沢は田園都市づくりに執心していて、その構想に五島を加えたのである。

渋沢が生涯最後の事業と夢見た田園調布は、関東大震災で被害の少なかった玉川村一帯に外国のような街をつくろうという構想だった。渋沢は開発を手がける田園都市という会社を立ち上げ、理想の住宅街を実現すべく動き出した。

しかし、田園調布の構想には不足しているものがあった。それが交通インフラだった。田園調布のターゲットは明治末より現れ始めたサラリーマンだったが、都心部のオフィスに出勤するには通勤の足が必要になる。いくら良好な住環境を提案したところで、交通インフラが整っていなければ購入してもらえない。

そこで、渋沢は阪急の総帥・小林一三に協力を呼びかけた。小林は関西ですでに新興住宅地の開発を手がけており、渋沢の一歩先を行っていた。しかし、小林は関西を地盤にしていることから顧問という形でしか協力できず、実務担当者として五島を推挙した。小林の推薦で、五島は田園都市の鉄道部門である目黒蒲田電鉄（現・東急多摩川線と目黒線）に入社し、渋沢の片腕として鉄道事業を拡大させていった。五島は目黒蒲田電鉄のみならず、大正15（1926）年に渋谷と横浜を結ぶ東京横浜電鉄を部分開業させている。東京横浜電鉄は現在の東横線に該当するが、渋谷駅まで開業したのは、昭和2（1927）年だった。

渋谷に進出した五島は、渋谷の拠点性を高める手段に打って出る。それまで渋谷の繁華街は、道玄坂上にあった百軒店《ひゃっけんだな》だった。百軒店は駅から歩くので、雨の日などは客足が鈍った。しかも、百軒店は「箱根土地」の堤が開発を手がけていた。

●五島が挑んだ渋谷の覇権争い

五島は箱根土地の百軒店に対抗するために、渋谷駅に隣接する場所に東横百貨店を建設する。

渋谷駅のすぐ横には渋谷川が流れている。その上に建っているのが、東急百貨店東横店東館だ。東急百貨店は、オープン当時の昭和9（1934）年、まだ現在の東館しかなかった。東館は、渋谷川にフタをしただけの立地だったため、当局は平屋建てしか認めなかった。

ところが、五島がこれを強引な作戦で覆す。五島の理屈は、渋谷駅に隣接してバスターミナルをつくるのだから人が待つ待合所が必要になる、だから2階建てを認めよという話だった。行政がやむなく首を縦に振ると、五島は「2階建てがOKならば、もっと高くても問題がないだろう」と5階建てまで認めさせてしまった。

五島慶太

五島の渋谷拠点化計画第2弾は、渋谷駅を挟んでライバル関係にあった玉電の買収だった。玉電は現在の田園都市線の前身となる玉川線や世田谷線を運行していた鉄道会社である。

昭和13（1938）年、玉電は渋谷駅西側に玉電百貨店をオープンさせた。五島にとって玉電百貨店は客を奪われる面白くない存在だった。五島は玉電百貨店がオープンした翌年、親会社の玉電株を買収。親会社ごと飲み込むと、玉電百貨店を東急百貨店の西館にしてしまった。

東急百貨店の屋上につくられたロープウェイ「ひばり号」（© 共同通信）

その後、五島は昭和9年に東京高速鉄道を設立。5年後には渋谷から新橋まで地下鉄を開通させ、先行する東京地下鉄道と〝地下鉄戦争〟と称されるほど激しく争った（詳しくは244ページ）。

五島の執念で発展を遂げた渋谷には、その後も続き、多くの人が集まるようになる。五島の奇策はその後も続き、終戦まもない昭和26（1951）年には、東急百貨店東館の屋上から西館（玉電ビル）の屋上までロープウェイ「ひばり号」を設置。渋谷駅の上空に浮かび、線路をまたいで進むロープウェイは見る者に大きなインパクトを与え、語り草になった。

ひばり号は開業から2年後に廃止されたが、以降も渋谷は発展を続け、現在では若者の街として不動の地位を築いている。もとは農村地帯だった渋谷をここまでにしたのは、五島というユニークな起業家の執念だったといえるだろう。

Episode : 29

【夢半ばで消えた日暮里渡辺町の悲劇】

大臣の失言で消えた町がある?

明治政府が樹立し、版籍奉還が実施されると大名の領地のほとんどは国有化された。食い扶持を失った大名たちは、その日から新しい稼業を模索しなければならなかった。

江戸時代、下級武士は様々な内職を行っていた。そのため、明治維新後に商売で成功する者もいた。しかし、大名たちはあまりに庶民とかけ離れた生活を送っていたために、いざ商売をするという段で大変な苦労をした。大名の中には、明治維新後に政治家に転身する者が多かったが、それは立場上、人の上に立つことが求められたこともあるが、なによりも商才がなかったからである。

●実業家に転身した福山藩阿部家

それでも、事業に乗り出す大名がいなかったわけではない。なかには広大な屋敷地を元手に、不動産経営を始めた大名もいた。

不動産経営で有名なのは、東京大学のすぐ隣に屋敷地を構えていた福山藩阿部家である。福山藩阿部家の中屋敷は日光の参詣道である現・本郷通りの西側に位置していた。本郷通りを挟み、東側には加賀藩前田家の上屋敷（後の東京大学）が広がっていた。

東京大学のもとになった医学を教える大学東校と洋学・語学を教える大学南校は当初、別々の場所にキャンパスを構えていた。両校が本郷に集約されるのは、明治7（1874）年。寛永寺の敷地にキャンパスを移転しようと計画したものの、大学東校の講師を務めていたお雇い外国人のアントニウス・ボードウィンが「上野は公園用地にすべきだ」と反対したことで、大学東校は本郷にキャンパスを構えることになった。

明治10年には、東京大学が創設され、学部の前身にあたる法・医・文・理の文化大学が本郷のキャンパスに集約された。それ以降、本郷は大学町として急速に開発されるようになる。

この流れに乗ったのが、福山藩阿部家だった。阿部家は広大な中屋敷の敷地に住宅を建設、不動産経営を始めたのだ。

阿部家の不動産経営は、目覚ましい成功を収める。阿部家が東京大学の西側に造成した住宅街は、「西片《にしかた》」という地名がつき、人気の高級住宅街になった。西片には、夏目漱石や樋口一葉といった文人をはじめ、東京大学の教員や大手企業のビジネスマン、官僚などが住むように

学者の町として知られた文京区西片、1960年代の風景（©朝日新聞社）

なった。

明治の中頃になると、三菱財閥の創始者・岩崎家が東京府内の不動産を多く所有するようになった。不動産は金持ちのステイタスで、庶民の関心の的であったため、マスコミはこぞってそれらをネタにした。当時のマスコミが調べた明治41（1908）年の東京の大地主ランキングによると、堂々の第一位は三菱（岩崎家）、2位に三井と、大財閥がワンツーフィニッシュを飾っている。このランキングの4位に入ったのが、西片を開発した阿部家の当主・阿部正桓だった。

阿部家がこれほどまでに成功を収めたのは、住宅開発の手法に秘密があった。阿部家は西片を静穏な住宅街にすることを意図し、区画内での銭湯や商業店舗の営業を禁止。その一方、将来を見越して区画内に学校を建設し、景観を意識して電線を地中に埋没させる方式を採用するなど、近未来的な住宅街を目指していた。いわば、地域一帯を開発しようという、〝都市開発〟的な街づくりをしていたのだ。

●渡辺財閥と日暮里

阿部家以外にもこうした住宅地の開発でメキメキと頭角を現した企業家もいた。

その代表格が、渡辺家だ。先ほど紹介した明治41年の大地主ランキングでは渡辺家（渡辺財閥）の当主・渡辺治右衛門が阿部家につぐ5位にランクインしている。

渡辺財閥の当主は、治右衛門を代々襲名した。屋号を明石屋としていたことから、渡辺財閥は「あかぢ貯蓄銀行」（明石屋治右衛門：あかしやぢうえもんの略）を設立。その他、東京渡辺銀行を経営するなどを経営した。あかぢ貯蓄銀行の顧客は中小企業が多かったが、順調に業績を伸ばしていき、一大財閥を築き上げる。

先の大地主ランキングで、この渡辺家のひとつ下の6位にいたのが、安田財閥の当主・安田善次郎だった。安田財閥と言えば、現在はみずほ銀行や明治安田生命などを擁する芙蓉グループとして、日本財界の中心にいる。明治末期、渡辺財閥は安田財閥を凌ぐほどの大地主だったのである。

渡辺財閥に相当な資金力があったことは明らかだが、その渡辺財閥も明治中期から住宅開発に乗り出した。２代目・渡辺治右衛門は、欧米に住宅開発の視察にまで行くほどの力の入れようだった。

渡辺が目を付けたのは、現在の荒川区西日暮里一帯だった。西日暮里は江戸時代に秋田藩佐竹家の領地だったが、阿部家のような屋敷地ではなく、手入れの行き届いていない荒野だった。

渡辺家は放置されている荒野を安く購入することに成功し、その荒れ地を住宅地として開発した。開発された土地は、渡辺家にあやかり渡辺町と名付けられた。明治から昭和初期まで、この一帯は地域住民に日暮里渡辺町と呼ばれるようになった。

●大臣の失言が招いた渡辺財閥の崩壊

宅地開発などを行い、財界で存在感を発揮していた渡辺財閥だったが、その後、苦難の時を迎える。

大正12（１９２３）年の関東大震災と昭和２（１９２７）年の昭和金融恐慌である。東京を未曾有の地震が襲った関東大震災、そしてその傷も癒えぬうちに、世界恐慌に端を発した昭和金融恐慌が起こる。渡辺財閥は大ダメージを受けたが、なんとか持ちこたえていた。

だが、そんな渡辺家を悲運が襲う。恐慌で不安に陥った東京市民は、ネガティブな情報に敏感になっていた。そんな折、国会の答弁で時の大蔵大臣・片岡直温が「東京渡辺銀行が破綻した」と発言してしまう。

東京渡辺銀行は、先に述べた通り、渡辺財閥の経営する銀行である。しかし、この発言の時、東京渡辺銀行は破綻などしていなかった。大臣の発言は事実誤認だったのである。

この発言を聞いて、黙っていなかったのが東京市民だった。東京渡辺銀行には、恐慌の影響でネガティブな情報に敏感になっていた預金者が押し寄せ、取り付け騒ぎが発生した。

この騒動で、渡辺財閥の信用は地に落ち、事業は混乱に陥り、プロジェクトも止まってしまった。渡辺家は財界から退場させられたのだ。

現在、宇都宮線・高崎線は日暮里駅に停車しないが、当時は日暮里に駅があった。そうした交通事情から、日暮里渡辺町には上野の東京芸術大学に通う学生たちが住んでにぎわっていたという。その後、渡辺家は渡辺町を売却。空襲で渡辺町の家屋の多くが焼失した。現在、日暮里渡辺町は、西日暮里4丁目と名称が変わった。いまでは渡辺家の足あとを探すことは難しい。阿部家が開発した西片も、戦後になってその面影を失った。

時代とともに、交通やＩＴといったインフラが整備されれば、人々の生活スタイルは自然と変化する。街が変貌することも、自然の成り行きである。そうであるとわかっていても、阿部家や渡辺家の住宅地が歴史に埋没したことはどこか名残惜しい気もする。

Episode : 30

【戦後最大の闇市が清浄化されるまで…】

上野・アメ横と行政の攻防史とは？

上野駅と御徒町駅の線路沿いには、にぎやかな商店が多く軒を連ねている。アメヤ横丁（通称：アメ横）は年末年始には多くの買い物客で混雑することで有名だ。

戦後、上野の街の活気を牽引したのは、なんと言ってもアメ横だった。そのアメ横は、戦前まで官営鉄道の変電所が立地する場末感が満載のエリアだった。

戦火が激しくなると、政府は変電所周辺の住民の強制疎開を決行。線路付近に密集していた民家は軒並み立ち退きさせられた。現在のアメ横は、空き地のまま終戦を迎える。しかし、都心から近いこの広大な土地を、誰も狙わないはずがなかった。

●戦後のカオス、ノガミの闇市

戦後の食糧難では、食料品はもとより生活用品全般の価格が高騰した。日本政府は物価統制令を出して価格の安定化を図ったが、まるで効力を発揮しなかった。戦争で職を失った人々は、勝手に食料や物資を売り始めた。食べるために誰もが必死であり、もはや法律なんかを気にしている余裕などなかったのだ。

その取引場所に選ばれたのがアメ横だった。上野駅至近というアクセスのよさ、建物疎開でできた空地がマーケットに適していることなどから、復員兵が続々と集まってくるようになった。復員兵たちは組織化して、ガード下に露店街を作った。これがアメ横の原型になった。

闇市は東京にいくつもあったが、上野（漢字を逆さまにして、〝ノガミ〟などと呼ばれた）がほかのエリアと比べて特徴的だった点は、常磐線や高崎線などを通じて、千葉県や茨城県の農村地帯から大量の農産品が運ばれてきたことだった。上野の闇市には米や野菜などが多く並んだ。なかにはアメリカ軍流出品のピストルなどが売られているケースもあった。

アメ横には、地方からも行商人が集まってきた。闇市の利権を手にしようと、暴力団や愚連隊、外国人組織が入り乱れ、暴力事件が頻発。残飯などを求めて浮浪者も集まり、夜になると地下街で何百人も寝ているといったすさまじい状態になった。

行政や警察も、そんな無法地帯をどうにかしたいと考えていた。しかし、日本の警察官がピストルを携行できるようになるのは、昭和25（1950）年からで、警察が力で闇市を押さえつけることはできなかった。それでも監視を強めることで、闇商人を取り締まった。

警察の手入れを受ける上野のヤミ市（© 朝日新聞社）

警察と闇市商人との抗争はイタチごっこの様相を呈し、いくら取り締まりを強化しても治安は向上しなかった。そこで、警察と行政は方向転換を図る。これまでの取り締まりを北風とするなら、業者と協力体制を築いてマーケットの統制を図る太陽作戦に出たのである。

●行政が取り組んだアメ横清浄化作戦

警察は、まず地元で商売を営んでいた住民に、マーケットの建設を依頼する。監視の行き届かない水面下で商売されるより、きちんとした場所で商取引させることで、まず営業拠点の固定化を図った。営業拠点の固定化は営業実態の把握につながる。そうなれば、違法取引を監視・摘発しやすくなると目論んだのだ。

警察と区役所の後押しもあり、昭和21年、アメ横にバラック建ての近藤マーケットが誕生する。昭和27年、ＧＨＱは東京都内での露天商を禁止。これにより上野から露天商が排除され、アメ横も正常な商店街として歩み始めた。

しかし、そんなアメ横が再び混沌とし始めたのは、昭和47（１９７２）年のこと。上野動物園にジャイアントパンダの〝カンカン〟〝ランラン〟が来園すると、日本中でパンダブームが巻き起こる。上野動物園の来場者数は前年より２３０万人増の７３７万人を記録し、上野は一躍注目される街になった。

このパンダ景気に便乗しようと、アメ横に露天商が大集結するようになる。アメ横では会員以外は露店営業できない決まりだったが、無許可の違法業者が次々と出店。アメ横はふたたび無法地帯になってしまった。無許可露天商の存在は日に日に大きくなり、昭和56（１９８１）年に上野署は一掃作戦を決行。同じ頃、バラックから出発した近藤マーケットを新しいビルに建て替える計画が持ち上がった。近藤マーケットは、アメ横の心臓部ともいえる変電所跡の三角地帯にあり、センタービルに建て替えられて現在に至っている。

さまざまな清浄化をたどって、ようやくアメ横は健全な商店街になった。だが、整理された商店街はどことなく無味乾燥な雰囲気になる。近頃のアメ横には、かつての無法地帯っぽい独特な雰囲気はなくなりつつある。筆者などは、それが物足りなく感じてしまうのだが……。

Episode : 31

【日本の近代化を支えた先端工業都市】

南千住は東京の最先端地域だった？

荒川が南北に分断する千住エリアは、北岸は北千住、南岸は南千住と区分されている。北千住が足立区、南千住は荒川区であり、荒川は行政を隔てる機能も果たしている。

北千住はＪＲ常磐線、東武線、地下鉄日比谷線・千代田線、つくばエクスプレスなど交通の要衝地となっていて、発展が著しい。

北千住が交通の要衝地になったのは、徳川家康が関東に入府してから。家康は国替えで三河から江戸にやってくると、荒川に千住大橋を架橋した。この大橋が完成したことで、江戸から北へと向かう日光街道の整備が進む。隅田川北岸の北千住には、千住宿が形成され、宿を中心に町は栄えるようになった。

一方、南岸の南千住には北千住ほどの規模ではなかったものの小さな宿場町が誕生した。南千住は、昭和初期に日雇い労働者が集まるドヤ街として有名になり、〝山谷〟という通称で呼ばれるようになった。路上生活者は増え続け、路上から溢れた生活者たちは、隅田川沿いにダンボールハウスを建てたり、ブルーシートで家を造成するなどした。

余談だが、〝明日のジョー〟でトレーナー・丹下段平がジムを構えた泪橋も〝山谷〟の一部である。泪橋の名前は、江戸時代に三大処刑場として有名だった小塚原刑場へと向かう罪人とそれを見送る家族が別れを告げる橋だったことが由来になっている。

●戦前の南千住は物流の要所だった

いつしか下町のイメージで語られるようになった南千住だが、明治時代に入ってからしばらくは、日本の近代化をリードした街だった。

家康が入府し、街道の整備が進んだとはいえ、江戸の大部分の物量は舟運に頼っていた。隅田川沿いにあった南千住は、物資の中継地点として大発展を遂げる。

さらに明治29（1896）年には現在の常磐線が開業し、南千住駅と隅田川駅が設置された。南千住駅は現在も常磐線の駅になっているので馴染みの多い読者もいるだろうが、隅田川駅はあまり耳にしないのでピンとくる人も少ないはずだ。隅田川駅は旅客を取り扱っておらず、貨物を扱う駅だから一般人は利用しない。だから、馴染みがないのは当然と言える。

隅田川駅は隅田川の舟運を考慮して設置された駅で、隅田川に面した広大な貨物ヤードは舟で運ばれてきた物資をすぐに鉄道に積み替えて運ぶことができるように工夫されていた。南千住は船と鉄道とをリンクさせる重要な物流拠点だったのだ。

昭和7（1932）年には、隅田川貨物駅の取扱量は年間約121トン6500キロを誇り、東京市内の駅では汐留駅を抑えて堂々のトップに君臨するほどだった。

江戸以降、街道と舟運に恵まれた南千住は、その物流力から明治時代には財界人が注目するエリアに変貌していた。最初に南千住に着目したのは、明治財界では名高い大倉喜八郎と原六郎だった。

大倉はホテルオークラの創業者として知られるが、もともとは鉄砲など軍需品の調達で財を成した。鉄砲で地盤を築いた大倉は、ホテルオークラ以外にもサッポロビールや日清製油（現・日清オイリオ）など多数の企業を設立。鹿鳴館や帝国劇場、大倉商業学校（現・東京経済大学）などの設立にも関わるなど、明治時代のスローガンである富国強兵・殖産興業・文明開化に大きな貢献を果たしている。

原は第百国立銀行設立を足がかりに財界に進出し、その後は総武鉄道（現・総武線）、北越鉄道（現・信越本線）、東武鉄道、九州鉄道（現・鹿児島本線）など鉄道会社と縁の深い実業家だった。

明治の財界五人男と称された指折りの実業家だった大倉と原は、日本電気の父・藤岡市助が唱えた電気事業の虜になった。意気投合した3人は、日本初の電力会社である東京電燈を設立。東京電燈は明治20（1887）年から東京市内で電力供給を開始した。電気事業は好調なスタートを切り、すぐに需要は増加する。東京電燈は浅草に発電所を増設したが、それでも電力需給を満たすことができなかった。

そこで、さらに巨大な発電所の建設を計画。経営陣が目を付けたのが南千住だった。すぐに南千住に火力発電所が建設されて、千住発電所は明治39（1906）年に電力供給を開始した。

しかし、当時は火力発電よりも水力発電の方が主流になりつつあった。東京電燈も火力ではなく、水力発電に方針転換したため、千住発電所は出力を当初の計画の9000キロワットから4500キロワットまで縮小して竣工している。

千住発電所は出力を小さくしたことで、結局、東京市内の電力需要に応えることができなかった。千住発電所は役に立たない発電所の烙印を押され、大正6（1917）年に廃止に追い込まれた。

ちなみに、隅田川を挟んだ対岸の北千住にも大正15年に火力発電所が建設されている。北千住の発電所は、同名の千住発電所と名づけられた。北千住の発電所は、〝おばけ煙突〟として映画にも登場したことから全国的に有名になっている。

上空から見た三河島下水処理工場。現在でも施設の一部は現存しており、国の重要文化財に指定されている。(『東京市下水道事業概要』昭和２年)

●製絨所と下水処理場までつくられた

舟と鉄道という物流基地になった南千住は、電力という国の経済を牽引する事業を担ったが、ほかにも国家の根幹をなす千住製絨所《せいじゅうしょ》と三河島下水処理場工場が建設されている。

いまでは聞き慣れないが、製絨所では羅紗《らしゃ》を生産していた。羅紗とは毛織物の一種である。明治期には、軍服や制服などに用いられた。羅紗は戦国時代の頃に日本に伝えられたが、原料となる羊毛を手に入れるにしても養羊のノウハウがないため、ごく一部にしか流通していなかった。

江戸後期には各藩が羊の飼育を試みている。幕府のかかりつけ医だった渋江長伯は、健康における衣服の重要性を熟知し、巣鴨御薬園で羊の飼育をして、羅紗の純国産化を目指した。だが、江戸時代、羊がそれほどたくさん飼育されていたわけではなかった。そのため、羊毛の生産量は少なく、羅紗を加工する技術も育たず、明治になっても羅紗の生産量は増えていなかった。

明治政府は武器と並んで欠かせない羅紗を、輸入に頼るしかなかった。だが、輸入に依存し過ぎると、供給をストップされたときに戦況が不利になってしまう。政府はお雇い外国人の力を頼りて、千葉県成田市に牧場を開設し、羅紗の国産化を目指した。

明治12（1879）年、明治政府は悲願だった官営の製絨所を南千住に建設する。初代工場長には、ドイツで毛織物の生産技術を学んできた井上省三が就任した。

千住製絨所は、西洋技術を取り入れた煉瓦造りの瀟洒な造りだった。工場を煉瓦造りにしたのは、火事で焼失しないように配慮したためだ。明治政府にとって、羅紗工場が重要であったことが窺える。

南千住の重要施設はこれだけではなかった。日本初の近代的下水処理場も南千住に建設されている。

明治初期、街では排水処理は自然に任せるばかりだった。だから大雨になると水害が発生し、たちまち市街は水没した。ひとたび大雨になれば、汚水や汚泥が道路に溢れた。下水は不潔な水を封じ込める機能を備えていたが、当時の市民の間には、上水道を清潔に保つという概念はあっても排水とその処理をする下水についての意識がなかった。そうした意識を改善しようと、東京市は〝市民の保健〟〝市民の利益〟〝本市の経営〟〝市民の協力〟の四本柱をスローガンに下水道普及を訴えた。

そこまで力を入れていた下水道建設だったが、第一次世界大戦による財政難で計画は大幅に遅れ、大正11（1922）年にようやく供用開始に漕ぎつけた。

三河島下水処理場が完成すると、たちまち話題になり、観光名所にもなった。三河島下水処理場では、見学者の目の前で汚水を清水に変えるパフォーマンスが行われ、人々はその様子に驚かされたという。

現在、三河島下水処理場は、〝下水〟という言葉が忌み嫌われているせいなのか、三河島水再生センターと名前を変えている。名前は変わったが、東京都民の大切な水をよみがえらせる役割はそのままだ。

物流・電気・羅紗・水と日本の近代化の重責を担った南千住だったが、戦災による荒廃が著しく、戦後復興で大工場はもっと広大な敷地を求めて郊外に移転していった。いまや、南千住の街から明治・大正時代の栄光を読み取ることは難しい。

Episode : 32

【日本の近代化を裏で支えた北区の中心地】

北区・王子は日本の重要都市だった？

北区・王子は、日本における洋紙製造発祥の地といわれる。

王子で製紙業が始まったのは、明治６（１８７３）年。実業家の渋沢栄一が同地に日本初の抄紙会社を設立したことがきっかけだった。渋沢は徳川昭武を団長とする欧州使節団に参加し、ヨーロッパの産業や文化をつぶさに視察。その経験から、日本の近代化には製紙業の発展が不可欠だと感じていた。

幕末期より、江戸では製紙業や印刷業が勃興していた。しかし、それらは昔ながらの和紙製造で、渋沢が目指す西洋式の製紙業ではなかった。

●製紙業に最適だった王子

幕臣だった渋沢は、明治維新後に徳川慶喜が静岡移転を命じられたこともあり、一時的に中

明治後期の滝野川。滝野川は石神井川の別称である（『東京名所写真帖』明治35年）

央政界・財界から退場を余儀なくされる。しかし、その才能を惜しんだ井上馨のヒキもあって、大蔵省に復帰を果たした。大蔵省で貨幣経済の重要性をますます強く認識した渋沢は、大蔵省を退官した後に民間事業として製紙業を興すために奔走した。

製紙業で必要なのは〝水〟である。渋沢は東京近郊で清流のある場所を探した。そこで目に留まったのが、石神井川が流れる王子だった。

明治８（１８７５）年、渋沢は抄紙会社を設立。すぐに大蔵省から紙幣印刷を受託して、操業を開始した。

これ以上ない順調な滑り出しだったが、政府内から渋沢の会社に印刷を受託することに対し、異議が出る。紙幣というのは、国家経済の根幹である。その印刷を民間の一企業に任せるのは、偽造の観点からも危険ではないか、との意見が出たのだ。結局、抄紙会社と政府との受託契約は破棄されてしまった。

とはいえ、紙幣の印刷を受託していたという実績は、抄紙会社の信用にもなった。明治政府は税収改革の一環で、地租改正を進めており、それに伴って土地所有権の証明書や地価を証明する証書を必要としていた。抄紙会社はそうした証書類の印刷を受託することになったのだ。

ちなみに、紙幣を自力で印刷しようとした政府は、渋沢の印刷工場のすぐ隣に工場をつくった。それほど、王子の清流は製紙業に向いていたのだった。

渋沢が洋紙製造に着目したのは、紙幣だけを想定したものではなかった。封建時代が終わりを告げて、明治という新しい時代の到来したことで、教育が重要性を増し、民主主義の時代が到来していた。

教育には教科書が必要になる。政府は国民皆教育を標榜していた。各地に学校が設立されると同時に、教科書も大量に必要になるだろう。そうなれば、大量生産が可能な洋紙で教科書をつくることになると渋沢は読んだ。

また、教育の充実とともに、西洋のような民主主義社会がやってくるとも渋沢は考えた。すでに各地では自由民権運動が芽生えていた。民主主義の根幹は、何よりも言論である。自由民権運動や言論活動が活発になれば、新聞や雑誌といった出版事業は活性化するだろう。

王子製紙（抄紙会社の後身）の王子工場（『王子製紙株式会社案内』昭和２年）

政治運動やジャーナリズムが発達していくのは明治中期からだが、渋沢栄一はそうした時代を見越していた。渋沢の抄紙会社によって、教科書・紙幣・新聞の大量製作が容易になり、日本は民主主義を実現していくことになった。

●抄紙会社のその後

明治26（１８９３）年、抄紙会社は創業地の王子を社名に採用して、王子製紙と改称した。

昭和６（１９３１）年に渋沢が没した後、王子製紙は三井財閥のグループ企業に組み込まれるが、その後も王子製紙は日本の製紙業のリーディングカンパニーとして君臨しつづけた。昭和８年には、富士製紙と樺太工業という業界大手の製紙会社を合併。国内シェア80％を占めるまでの巨大企業になっている。

王子製紙に大きな変革が押し寄せたのは、終戦直後のことだった。

GHQの過度経済力集中排除法によって、昭和24（1949）年に王子製紙は苫小牧製紙・本州製紙・十條製紙に三分割されてしまったのだ。大企業であることが、かえってあだになったといえる。

王子製紙の本流となったのは苫小牧製紙だった。苫小牧製紙は昭和27年には早くも社名を王子製紙に戻し、平成8（1996）年には本州製紙を再合併した。

現在、王子には国立印刷局の王子工場と滝野川工場が立地している。王子工場は有価証券や切手を、滝野川工場では紙幣の印刷を担当している。

国立印刷局のほかには、教科書最大手の東京書籍などが王子に本社を構えている。王子製紙の工場は移転してしまったが、いまでも〝紙〟の街として、王子は日本の経済・教育・ジャーナリズムを裏から支えている。

【第四章】

知られざる東京の謎

Episode : 33

幻に終わった東京万博計画とは？

【明治時代から続く東京の悲願】

2020年、東京でオリンピックが開催されることが決定した。日本にとってオリンピックは思い入れのあるイベントだ。昭和39（1964）年に開催された東京オリンピックは、戦後の日本が国際社会に復帰することを世界に発信する機会になった。それよりさかのぼること24年前、戦前の東京でもオリンピックが開催されることになっていたことを知る人は多いだろう。

昭和15（1940）年、政府は皇紀2600年にあたるこの年に、東京オリンピックをはじめとする様々なビッグイベントを開催する予定だった。ところがこの東京オリンピックは幻に終わる。〝幻に終わった〟などと書くと自分たちの力ではどうにもならなかったように聞こえるかもしれないが、実態は政府自らが開催を返上するという、主体的な意味での〝幻のオリンピック〟だった。

昭和 45 年に開催された日本万国博覧会（大阪万博）。来場者数 6421 万人は 2010 年の上海万博に抜かれるまで歴代最多だった。（© 毎日新聞社）

政府が開催を返上した理由は、日中戦争の勃発だった。戦争の道を歩み始めた日本には、オリンピックを開催する経済的な余裕はなかった。これから戦争をするというのにオリンピックに浮かれている場合でもない。結局、陸軍から強い要請を受ける形で開催を断念したのである。

●東京で万国博覧会を開きたい

国家が威信をかけて取り組むビッグイベントには、その他、万国博覧会（万博）がある。万博は18世紀末にフランスで誕生した資本主義の祭典である。

日本が初めて万博を開催したのは、昭和45（1970）年。開催地が大阪だったことから、大阪万博と呼ばれる。正式名称は日本万国博覧会なのだが、いまでは大阪万博というのが一般的だ。

大阪万博の次に日本で万博が開催されたのは、平成17（2005）年の日本国際博覧会（通称：愛知万博）で、これはまだ記憶に新しい。

オリンピックほどではないにしろ、万博は開催国が世界に自国を誇示する絶好の機会である。要するに、万博は開催国のお国自慢の場という要素が強い。

日本は江戸時代に長らく鎖国状態にあった。そのため海外の万博など知ることもなかった。日本人が万博会場に足を踏み入れたのは、文久2（1862）年の遣欧使節団の一団が初めてだった。遣欧使節団には、福澤諭吉や後に外務卿や枢密院副議長も務める寺島宗則がいた。

日本が公式に参加するのは、慶応3（1867）年のパリ万博から。この時の使節団の団長は、将軍・徳川慶喜の弟の徳川昭武で、幕臣だった渋沢栄一などが随行した。徳川昭武や渋沢栄一はパリ万博で先進国の進んだ技術や文化を見て、日本は足元にも及ばないことを痛感する。渋沢だけではなく、明治政府の重要ポストを占めた人物たちは、多かれ少なかれ、パリ万博で刺激を受けた。明治政府の初代内務卿に就任した大久保利通はウィーン万博を参考にして、日本でも博覧会を開催すべきだと主張した。しかし、当時の日本製品では、とても海外に太刀打ちできない。そこで、まずは国内の農工業製品を競争させることで、品質を高めようと考えた。

こうして政府が主導した内国勧業博覧会が、明治10（1877）年に、東京・上野公園内で開催された。全国から集められた農産品や工業製品は部門ごとに品質や価格などが審査された。

明治 36 年に大阪府大阪市天王寺で開催された第五回内国博覧会の会場全景。約 450 万人もの入場者数を記録した（『第五回内国博覧会』明治 36 年）

そして、優れた生産者や製品には政府から賞が贈られたのである。

明治５（１８７２）年、明治政府は神武天皇が即位したことをもって紀元とすることを布告した。いわゆる、皇紀という紀年法を法制化したのである。皇紀が採用された背景には、日本で資本主義が定着したという理由もあった。君主が変わるたびに元号が変更されると、文書なども書き換えなければならない。そうなっては商売がやりづらいというわけである。皇紀による紀年法は西暦や元号と併記される形で公文書にも記載されることになった。明治5年は、皇紀２５３３年となった。

そのうち、国民の間で皇紀のキリのいい時期になにかイベントができないかという声が上がってくる。もっとも近いキリのいい数字といえば、皇紀２５５０年、つまり明治23年である。

当時の工業製品が展示された第五回内国博覧会の工業館の内部。これを最後に、内国博覧会は開催されていない。（『第五回内国博覧会』明治 36 年）

農商務相の西郷従道は、そこで万博を開催してはどうかと提案した。しかし、当時の政府にはまだ自信がなかった。万博を開催し、海外との圧倒的な差を見せつけられでもしたら、かえって国内の生産業者を意気消沈させることになる。加えて当時の日本には、大勢訪れるであろう外国人来訪者を迎え入れる体制も整っていなかった。

そこで政府は諸外国を一堂に集める万博開催ではなく、アジア諸国を中心とした亜細亜大博覧会を開催することにした。しかし予算が厳しいという大蔵省の指摘で、計画は縮小。結局は、内国博覧会の開催に落ち着いたのだ。

●現実味を帯びてきた明治の万博計画

日本で万博開催の気運が高まったのは、明治末になってのことだ。当時の日本は日清戦争・日露戦争に勝利し、世界の中で存在感を増していた。政府も国民も自信をつけていたのである。政府は日本が世界の一流国になったことをアピールするために、万博の開催名目に〝日露戦争の戦勝記念〟を掲げようとした。しかし、そんな名目を掲げると、ロシアが参加しにくくなる。そこで明治天皇即位50周年（1918年）や天皇金婚式（1918年）を建前にした。

万博を開催するには、海外からの観光客が宿泊するホテルや食事をするレストランが必要になる。受け入れ体制を整えるには、時間が必要だった。しかし、いたずらに間を空けては日露戦争の勝利が薄れてしまう。苦渋の選択として、政府は日本大博覧会という内国博覧会と万博の中間的なイベントを開催することにした。開催予定年は、明治45（1912）年。日本で万博が行われると思っていた人々は、大いに落胆させられることになった。

日本大博覧会の開催が正式決定すると、会場予定地の選定が行われた。候補に挙がったのは、月島埋立地、上野公園周辺、丸の内の三菱ケ原など。議論は百出し、結果として青山と代々木にまたがる練兵場の敷地が開催地に選ばれた。東京市は青山と代々木の間にわずかにあった民有地を早々に買収して、博覧会の開催に意気込みを見せた。

博覧会の準備は順調に進んだ。しかし、日本は日露戦争に勝利しておきながらロシアから賠償金を得ることに失敗。戦時公債を発行してまで日露戦争に臨んでいたため、後には巨額の財政赤字が残った。政府にはイベントを開催する余裕はなく、日本大博覧会は延期されることになってしまったのだ。

この政府の決定に、困惑したのが東京市だった。東京市は博覧会の予算を組み、すでに会場予定地も買収していた。開催を延期したいと言われて、「はい、そうですか」で済むわけがない。加えて、大博覧会にはアメリカのルーズベルト大統領が訪れることを表明していた。延期するならば、その弁明もしなければならない。追い詰められた政府は、延期を撤回。政府は運営費の不足分を補うため、はじめて全国規模の宝くじを販売し、その収益金を万博開催資金に当てることにした。

こうした政府の努力が、一般市民の万博フィーバーを加速させた。開催地の東京市では、早くも会場のデザインコンペが行われるなど、官民一体となって来るべき万博への準備を始めた。

しかし、東京万博にまたもや冷水が浴びせられる。世界恐慌が勃発したのである。恐慌により、政府の財政はさらに悪化。もはや万博などと言っていられない状況になった。政府は博覧会の開催を5年延期すると発表、その後も開催されず万博はいつのまにか忘れられていった。

●やっぱり開かれなかった東京万博

万博開催が再び日の目を見るのは、皇紀2600年にあたる昭和15（1940）年まで待たなければならなかった。この年は奉祝事業として東京オリンピックの開催も予定されていた。

しかし、前述したように日中戦争でオリンピックは開催中止になり、それに引きずられる形で万博も開催が取りやめられた。

昭和39（1964）年に東京オリンピックは開催されるが、万博は実現しないままだった。日本は前年に博覧会国際事務局から国際博覧会に関する条約に加盟することを勧誘されていた。これを機に、日本での万博開催の機運が再び盛り上がり、自民党の豊田雅孝参議院議員が国会で万博開催を提案している。豊田議員は昭和15年の幻に終わった東京万博の誘致に関わっていた。豊田議員にとって万博開催は悲願ともいえるイベントだったのだろう。

ただ、豊田議員は全国区選出の議員だったため、日本で万博を開催すると提案しただけで、東京開催にはこだわっていなかった。すでに東京ではオリンピックが開催されたこと、大阪が開催地としてインフラが整っており誘致に熱心だったこと、などの理由から日本初の万博開催地は大阪に決定した。

その後、日本では平成17（2005）年に愛知県で万博が開催されているものの、東京万博は実現していない。ちなみに、昭和15年に開催予定だった東京万博の入場券は、開催中止を発表する前に販売が始まっていた。それらの幻のチケットは大阪万博・愛知万博でも入場券として使用することができた。2020年、東京オリンピックの開催は決定した。東京万博が開催される日はくるだろうか？

Episode : 34

【埋立地を巡る江東区と大田区の争い】

お台場にある住所不定の係争地とは？

若者が闊歩する流行の発信地・お台場は、２０００年頃から再開発が始まり、いまや一大商業地になっている。２０２０年に東京オリンピックの開催が決まったことで、今後、さらにお台場の再開発計画は活気づいていくことだろう。

そんな注目のお台場地区から南に約5キロメートルに、喧騒とは無縁の土地がある。お台場と海底トンネルで結ばれた「中央防波堤埋立地」と呼ばれる一画だ。

●中央防波堤埋立地の謎

中央防波堤埋立地は、防波堤寄りの〝内側埋立地〟と、海路を挟んだ〝外側埋立地〟にエリアが分かれている。さらに中央防波堤埋立地外側の南には、〝東京23区最後のゴミ処分場〟とも称される新海面処分場という新しい埋立地も出現している。この広大な埋立地は、平成

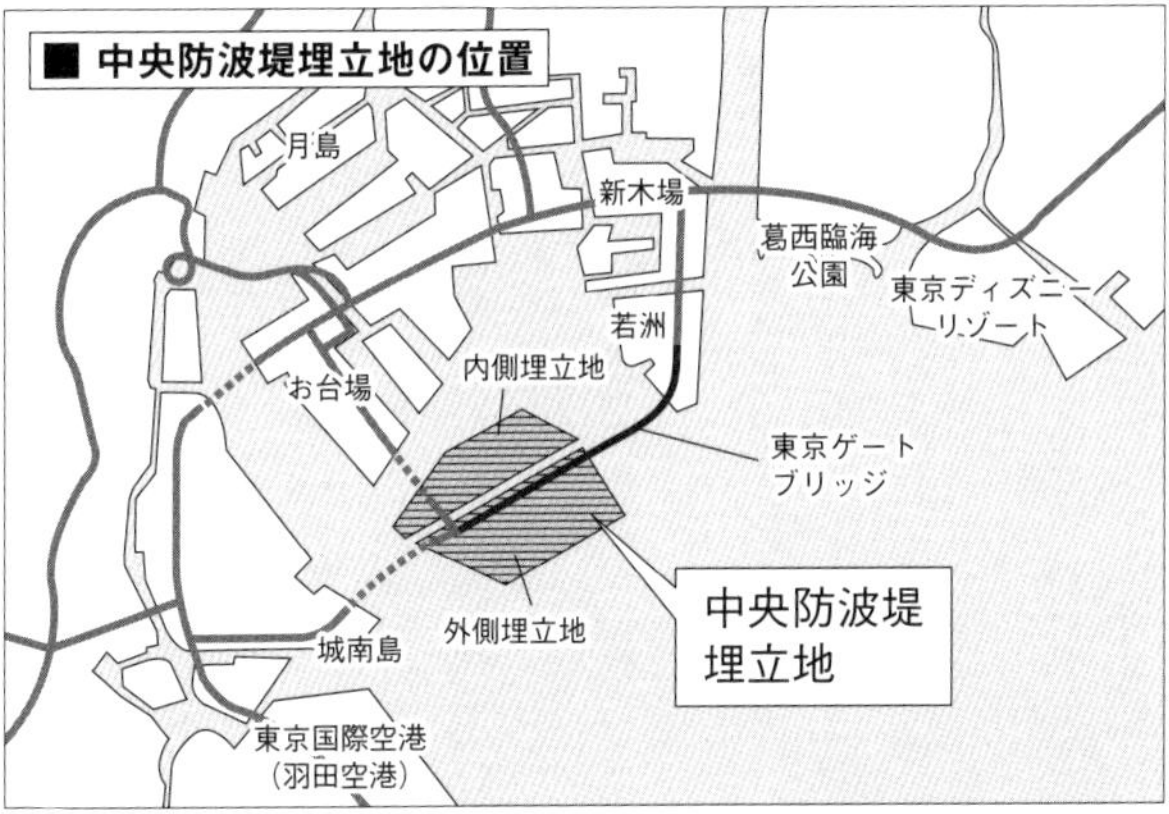

中央防波堤埋立地の内側埋立地、外側埋立地のいずれも帰属先は未定である。

24（2012）年に東京ゲートブリッジが開通し、中央防波堤が江東区とつながったことで一時期、世間の注目を集めた。

しかし、埋立地内側の一部を除けば、中央防波堤埋立地は驚くほど荒涼としている。

そもそも中央防波堤埋立地は、関係者以外立ち入り禁止だ。都営バス「波01」系統が品川駅からお台場を経由し、中央防波堤までを結んでいるが、一般の利用者はほとんどいない。中央防波堤に東京都環境庁の庁舎があるため、職員専用のバスになっている。

そんな立入禁止区域の中央防波堤埋立地に降り立つと、ゴミ特有の悪臭が鼻をつく。海に面しているだけあって、太陽の照り返しがきつく、頬をなでる風は潮の香りがする。

中央防波堤は、東京都が推し進めるゴミの埋め立てによって長い年月をかけて造成されてきた。小高いゴミの丘の周りを、大型トラックや清掃車がせわしなく走っている。ゴミの丘以外、視界を遮るものはなく、目を遠くにやると羽田空港やフジテレビがかすかに見える。埋立地の広さは、東京ドームの約187倍の872ヘクタールにも及ぶ。ここまで広大な地が、いまだにまったく開発されず、手つかずの状態で放置されているのはなぜだろうか？

答えを先に言ってしまえば、この地は東京都でありながらも住所未確定地域だからである。「江東区青海《あおみ》地先」という仮の住所がつけられていることから江東区だと誤解する人もいるが、厳密には江東区ではない。住所が決まっていないから、区として建物を造ることができない。建築関係の法令や税金をどこに納めるのかといった問題から、商業施設も建てられないのだ。

●なぜ住所が決まっていないのか？

もともとお台場や中央防波堤は、埋め立てて造成された土地のために、どこの区の土地なのかはっきりしていなかった。そのため、その帰属をめぐって近隣の区が縄張り争いを繰り広げてきた。

お台場造成時はその第一弾ともいえるバトルが勃発する。

お台場一帯は茫洋《ぼうよう》とした埋立地だったので、商業地として発展するとは誰も思わなかった。

中央防波堤外側埋立地の様子（2005年頃、筆者撮影）

そのため、帰属を決める段になって隣接する江東区や品川区、港区は、お台場を自分の区にすることを嫌がった。

自分の区になれば、車道・歩道や街灯、公園といったインフラを整備し、管理しなければならない。ゴミや屎尿処理などの対策を講じる必要も出てくる。お台場は行政から煙たがられる存在だったのだ。

結局、単独での引き受け手がなかったため、お台場の帰属問題は港区、品川区、江東区で三分割することになった。

しかし、平成９（１９９７）年のフジテレビ本社屋の移転で、お台場は激変する。新宿区河田町から移転してきたフジテレビの社屋は、球体展望台が印象的で、お台場のシンボルになった。ゆりかもめに乗り、フジテレビを見学するデートコースは定番化し、近隣の商業施設も次々と話題のスポットになった。お台場の開発は商業的に大きな成功を収め、法人税収入も跳ね上がった。

お台場が活況を呈すると、行政の対応も一変する。お台場の南側に造成中だった中央防波堤の埋立地を手に入れようと争うようになったのだ。

中央防波堤埋立地を巡っては、当初、お台場を三分割していた江東区、品川区、港区が帰属を主張。その争いに中央区と大田区が加わった。中央防波堤外側埋立地の開発が始まれば、広大なゴミの山が一気に宝の山に変わる可能性がある。お台場の時は厄介払いしていたにもかかわらず、ソロバン勘定が働いたのだろう。

この5区の争いでは、まず中央区が脱落する。中央区は晴海埠頭からお台場が近い、など複数の理由をあげたが、そもそも中央区とお台場は関係が薄い。中央区の説明は理解を得られず、早々と帰属争いから撤退した。同様にお台場を三分割していた港区、品川区も、中央防波堤埋立地と接していないことを理由に帰属争いから手を引くことになった。残るは江東区と大田区の2区である。

江東区はお台場の南側に位置しており、中央防波堤はお台場よりさらに南側に造成された島である。ならば、江東区に帰属するのが順当に思われるのだが、そう簡単に決着しないのが、領有権問題の複雑なところだ。

江東区と中央防波堤埋立地は陸続きではないが、江東区青海と海底トンネルで、江東区若洲とは東京ゲートブリッジで結ばれている。一方、大田区はというと、こちらも区に帰属する城南島と中央防波堤外側埋立地が海底トンネルで結ばれていた。大田区が中央防波堤埋立地の帰属を主張するのは、そうした理由があるからだった。

江東区は「ゴミを運ぶのはやめてほしいと要望しているのに、都はずっと昔から夢の島や若洲といった江東区にゴミを埋めてきた経緯がある。また、お台場のときは不要として江東区に押しつけてきたのに、お台場が発展すると急に埋立地がほしいと言い出すのはご都合主義」と主張している。

一方、大田区は「中央防波堤のある場所は、埋め立て前は大田区の漁場だった。今でこそ臨海副都心ができて江東区とは地続きになっているが、もともとの江東区からは遠い。江東区はすでに埋立地をたくさん持っている。少しは譲ってもいいのではないか」と主張している。

両者の主張は平行線をたどったままで、どちらも譲らない。歳月だけが過ぎ決着する気配はいっこうにない。東京オリンピックの開催が決まり、再開発の気運が高まっている昨今では、金の成る木を奪われてたまるかといった具合だから、ますます話はこじれそうな情勢である。

Episode : 35

【いまだに残る太平洋戦争の負の遺産】

外国に不法占拠された一等地がある？

土地を巡る問題は、どこに線を引くかといった境界線だけとは限らない。その所有権や占有権、使用権など歴史的経緯から複雑になってしまうこともある。

その歴史的経緯から複雑化してしまった土地問題が、コリアンタウンである。巷ではよく「在日朝鮮・韓国人が戦後の混乱期にドサクサに紛れて不法占拠し、長年使っていることを理由に自分たちの土地にしてしまった」などともっともらしく語られることがある。

これらの話は、戦災などで関係書類が焼失したり、すでに所有者が死亡しているケースもあって事実確認は難しい。そうした背景もあり、まことしやかに流布されて、話に尾ひれがついているケースも少なくない。しかし、在日朝鮮・韓国人による不法占拠が司法の判断で確定したケースは少なからず存在する。そのひとつが、江東区枝川で起きた朝鮮学校の事件だ。

昭和24年の深川枝川町のバラック街（© 毎日新聞社）。現在では、付近は再開発によって高層マンションが立ち並ぶ住宅街に様変わりしている。

●枝川の朝鮮学校不法占拠事件

枝川は築港などで出た土砂を埋め立てた土地で、昭和15（1940）年の東京オリンピックの会場として使われる予定だった。しかし、194ページで述べたように日本は開催権を返上。ぽっかり空いたその土地に、都はバラックを建てて朝鮮人を住まわせた。

そうした経緯もあって、昭和45（1970）年から東京都は、枝川にある朝鮮学校に20年間の契約で土地を無償で貸し出した。その後、契約期間は満了するが朝鮮学校は土地を引き続き無料で使い続けていた。

この不法占拠が問題視され始めたのは、平成15（2003）年ごろからだった。背景には、北朝鮮による日本人拉致事件があった。前年、小泉純一郎首相（当時）が北朝鮮を訪問、拉致に北朝鮮が関与していたことが明らかになると、日本国内では北朝鮮に対する非難の声が一気に高まった。石原慎太郎都知事（当時）が朝鮮総連本部に対し、固定資産税の減免措置見直しを迫ったことも、朝鮮学校への風当たりを強めた要因になった。

都は、平成15年に土地の明け渡しと建造物の撤去、加えて当初の契約終了後の地代として4億円の支払いを求めて提訴した。枝川の朝鮮学校の敷地の権利は裁判で争うことになり、平成19（2007）年に和解が成立。朝鮮学校側が1億7000万円を都に支払うことで、土地を取得することになった。

北朝鮮に対する土地の不法占拠は、ナショナリズムを煽りたてる材料として話題になりやすいが、実のところアメリカが不法占拠している土地も東京にはある。

●アメリカ軍が都心の一等地を不法占拠？

朝鮮人学校が江東区という東京の片隅の話であるのに対して、アメリカが不法占拠しているのは都心の一等地・港区である。具体的に言えば、六本木ヒルズの目と鼻の先にある青山公園の一画だ。

その区域は公園でありながら、アメリカ軍のヘリポートとして利用されている。米軍基地の一部なので、周囲はフェンスで囲まれていて関係者以外は入ることができない。周囲には物々

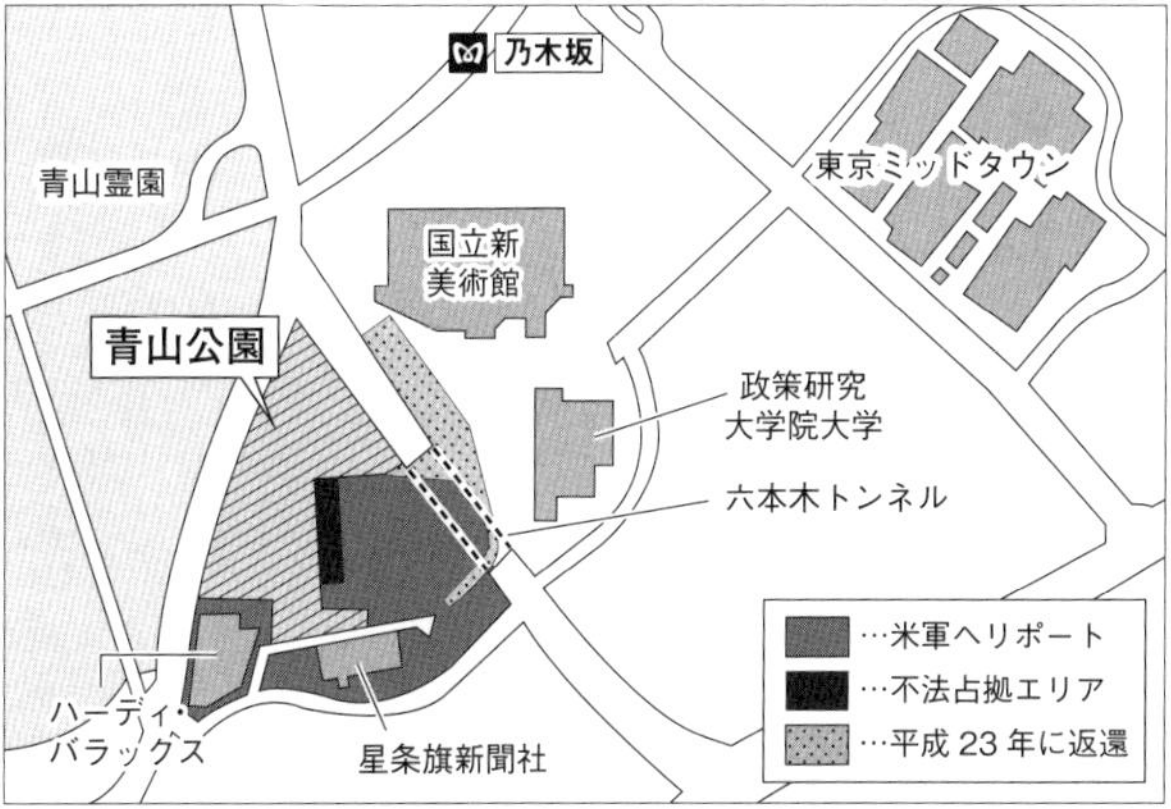

青山公園にある米軍ヘリポートと不法占拠地

しい英語表記の看板が立てられており、アメリカ軍による厳しい監視体制が敷かれている。

青山公園に隣接する米軍基地のヘリポートには、1日平均5機のヘリコプターが発着する。米軍基地は日本の航空法の規制を受けないため、低空飛行による危険性も問題視されている。

では、なぜ都心の公園に米軍施設が置かれているのか。

ヘリポートがある現在の青山公園の一画には、戦時中、日本軍の施設が置かれていた。終戦後、日本にやってきたGHQはそれを接収し、ハーディ・バラックスと呼ばれる施設群を建設した。

サンフランシスコ講和条約発効後の昭和35（1960）年、ハーディ・バラックスは日本に返還される。ハーディ・バラックスはエリア1とエリア3に分かれていたが、エリア1は青山公園

柵の向こうが青山公園の米軍ヘリポート。立入禁止の看板がある。（撮影：筆者）

として整備され、エリア3の跡地には後に東京ミッドタウンが建てられた。

しかし、ハーディ・バラックスはすべてが返還されたわけではなかった。米軍は返還後もエリア1の一部分を接収し続け、米軍関係者向けの新聞社「星条旗新聞社」の社屋を置き、ヘリポートを使い続けた。

未返還の土地にある星条旗新聞社は不法占拠とは言えないが、現在の青山公園の一画にあるヘリポートは、もともとすでに返還された土地である。それが今でも使われ続けているのには、複雑な理由がある。

ハーディ・バラックスの返還に前後して、東京都は近隣の都道の整備に着手した。しかし、その際、思わぬ障害が現れる。都道の予定地がちょうどハーディ・バラックスの未返還の地域にぶつかっていたのだ。そこで都は地下を通る六本木トンネルを計画、工事の期間中は地上にある米軍基地は、青山公園の一画に移すことになった。

基地移転に際しては、東京都・港区・アメリカの三者間で協定が締結され、工事終了後はすみやかに用地を返還するということになっていた。青山公園の一画は、工事の期間中、あくまで一時的に貸したに過ぎなかったのである。六本木トンネルは平成5（1993）年に完成。しかし、アメリカ軍は青山公園の代替地を返還せず、そのまま使い続けた。東京都や港区は、毎年のように早期返還を求めているのだが、アメリカ側はいっこうに耳を貸さない。

在日米軍基地の7割は沖縄県に集中している。そうした現状から、基地問題は沖縄というイメージが浸透しているが、在日米軍の基地問題は沖縄県の専売特許ではない。東京にも横田基地があり、府中や多摩には、米軍の通信施設が置かれている。しかし、都心一等地を不法占拠するアメリカ軍を非難する声は、朝鮮学校のそれとは対照的にまったく盛り上りを見せていないのが現状だ。

Episode : 36

【江戸時代から続く東京の伝統行事】

隅田川花火大会は浅草に奪われた？

毎年7月に開催される隅田川花火大会は、東京の夏を彩る風物詩になっている。この花火大会で打ち上げられる花火の数は、およそ2万発。訪れる観衆は、90万人を超えるとされる。まさに東京を代表するビッグイベントである。

●隅田川花火大会の起源

そんな隅田川花火大会の起源は、江戸時代の八代将軍・吉宗の治世にさかのぼる。

当時、江戸の街は日本四大飢饉のひとつ、享保の大飢饉で多くの死者を出しており、街全体に暗澹たる空気が漂っていた。吉宗はなんとか庶民に明るさを取り戻してもらおうと、隅田川畔で慰霊祭を開催する。この慰霊祭が形を変え、両国川開き花火として恒例行事になった。

両国川開きでは、両国に店を構える水茶屋がスポンサーとなり、隅田川で花火が打ち上げら

明治末期の両国の花火大会（『東京風景』明治 44 年）

れた。水茶屋は通りや寺社の境内などに店を出してお茶などを売る、いまでいう喫茶店のようなものである。この両国川開きの伝統を現在まで受け継いでいるのが、隅田川花火大会なのだ。

両国川開き花火では、初回から幕末まで花火の打ち上げは鍵屋と呼ばれる業者が担当した。この鍵屋から暖簾分けを受けた職人が立ち上げた花火屋の屋号が玉屋である。花火大会のときにギャラリーが「たまや〜、かぎや〜」と口々に叫ぶのは、それが由来になっている。いわば隅田川花火大会の慣習が、いつの間にか全国に伝播し、それが伝統化したのがあのお馴染みの掛け声というわけだ。

当時、鍵屋は両国の川岸に店を構えていた。そこから、花火大会は両国の隅田川岸で開催された。

では、現在の隅田川花火大会はどうなっているかというと、第一会場は浅草付近、第二会場が両国付近になっている。その発祥から考えれば、本来は両国が第一会場になってしかるべきである。なぜ、現在では浅草付近が第一会場になっているのだろうか。

●江戸時代に栄華を誇った両国

その理由を述べる前に、簡単に両国という街を振り返っておこう。いまではどことなく落ち着いた印象のある両国だが、かつては江戸でも有数の賑わいを見せる地域だった。

両国がそこまで栄えたのは、浅草御蔵の存在が大きい。浅草御蔵とは、幕府に納入された年貢米を貯蔵する蔵のことをいう。浅草御蔵の周辺には多数の米問屋が建ち並んだ。浅草御蔵は現在の台東区蔵前の地名の由来になっている。

幕府に仕えた御家人は、給料として俸禄米を支給され、それを米問屋に売って生活費を得ていた。そのうち御家人たちは、米を受け取り、換金する作業を面倒臭がるようになる。その作業を代行したのが、札差と呼ばれた業者だった。札差は当初、単なる代行業者に過ぎなかったが、米の換金代行だけでなく、御家人たちの雑務もこなすようになる。その存在をさらに大きくしたのが、幕府の財政逼迫だった。

参勤交代を始めとする無駄遣いに加え、干ばつなどの自然災害も重なり、幕府の年貢米は減少。幕府は財政悪化に苦しむことになった。幕府に入る米が減れば、当然ながら御家人に与

大勢の人で賑わう両国国技館（『東京名所写真帖』明治 33 年）

えられる米も減る。生活に困窮した御家人たちは、馴染みの札差に金を無心するようになった。

札差はこうして武士公認の金融業者としての役割も担うようになった。金を貸す側と借りる側、いつの世でも貸す側の方が立場は強くなる。札差の政治力は次第に増していった。武士、米問屋、札差の三者が行き交う蔵前は経済の要衝地になった。付近の柳橋（現、台東区柳橋）は花街として隆盛を極め、両国も大いに華やぐことになった。

札差が権勢を誇ったのは、江戸幕府あってのことだった。明治になり、俸禄米が廃止されると、札差は活躍の場を失い、消えていく。それでも札差が蔵前に残した遺産は多大なるものがあり、蔵前には国技館や発電所がつくられるなど、文化や文明の最先端地として戦前まで繁栄を続けたのだ。

●伝統の花火大会の復活と断絶

両国の花火大会は、幕末になると開催されなくなった。しかし、明治元（１８６８）年に柳橋の料亭組合がスポンサーになり、復活する。柳橋料亭組合は両国に人を呼び寄せるために、近隣の店舗などと協力して「両国花火組合」を設立し、開催のための資金を集めた。

柳橋はその後の関東大震災で壊滅的な打撃を受けたが、それでも花火大会は続いた。江戸時代にはじまり、２００年もの歴史を持つ花火大会はもはや伝統行事になっていた。柳橋料亭組合はその伝統を頑なに守り通したのである。

しかし、そんな花火大会の伝統も途切れる時がくる。

昭和20（１９４５）年3月10日、この日に行われた東京大空襲で柳橋一帯は焼失。その栄華は灰燼に帰した。翌年には、日本の再軍備を恐れたＧＨＱが花火大会の禁止を命令。民間の火薬所持も禁じられ、両国川開き花火は続けられなくなった。

花火大会を禁じたＧＨＱだったが、その一方で日本の職人に命じて自分たちだけのために花火を作らせていた。なんとも勝手な話だが、敗戦国の日本人は文句を言うことはできなかった。

花火の製造業者は、そんなＧＨＱを必死に説得。日本の伝統文化である花火の復活を訴えた。日本製の花火の美しさに魅了されていたＧＨＱは、製造業者の説得に耳を貸した。そして昭和23（１９４８）年、一度は途絶えた花火大会が復活することになった。

柳橋の料亭組合は、復活した花火大会に協力を惜しまなかった。こうしてよみがえった花火大会は都内だけでなく、関東からも人が押し寄せる大きなイベントに成長していった。

ところが、高度経済成長期を迎えると、そんな両国の花火大会にも暗雲が立ち込めてきた。両国橋周辺の都市化が進み、護岸のために防潮堤が建設されたことで、隅田川の水質汚染が問題化してきたのである。それに加えて、社会情勢の変化で柳橋三業地は衰退、柳橋の料亭組合など両国の花火大会を支えてきたスポンサーたちは、手を引かざるを得ないほどの経済的窮地に追い込まれていた。そして、昭和36（1961）年、長い伝統を持ち、一度は復活した花火大会は、打ち切られることが決まったのだ。

それからしばらく経ち、台東区や中央区をはじめとする行政の主導のもと、花火大会を復活させようという動きが高まる。行政は仕掛け花火はしない、桟敷を設けないなどの条件をつくり、環境に配慮する方針のもと、昭和53（1978）年に花火大会を復活させた。

この復活を機に、花火大会の名称は〝両国川開き花火大会〟から〝隅田川花火大会〟に変更。さらに、第一会場は浅草に、第二会場は両国に、と現在の形に変わることになった。

江戸からの花火文化を頑なに守ってきたのは、両国、柳橋、蔵前の住民だったが、現在、これらのエリアは隠れた存在になり、花火大会で注目されることは少ない。両国、柳橋、蔵前で花火大会の開催に尽力し、その伝統を守ってきた人々を思うと、何とも言えない気持ちになる。

Episode : 37

【ＧＨＱが住民に課した過酷な命令】

羽田空港から48時間以内に退去せよ？

日本政府は成長戦略の一環として、２０２０年までに訪日外国人観光客を４０００万人まで増やすことを目標に掲げている。目標達成の要となるのは、何と言っても空の玄関口となる空港の整備だ。

現在、諸外国と日本とを結んでいるのは、成田国際空港、中部国際空港、関西国際空港など。しかしその中で成田と関空は東京や大阪・京都といった主要観光地から遠く、アクセスが不便といわれる。さらに、成田空港は内陸にあって空港周辺は民家が立ち並んでいるので、騒音・振動問題から航空機の発着に時間制限が設けられている。

そこで浮上したのが、東京国際空港（通称：羽田空港）の拡張構想である。現在、羽田には4本の滑走路があるが、２０２０年のオリンピックまでに5本目の滑走路をつくろう、という動きが出てきた。近年になり、その存在感を増す羽田空港だが、過去にはその用地を巡って、

開港したばかりの羽田飛行場（© 毎日新聞社）

かなり乱暴な出来事があったことを知っているだろうか。

●東京の空の玄関・羽田空港が開港するまで

日本の航空史が幕を開けたのは、明治44（1911）年、所沢に陸軍の飛行場が整備されたことが始まりだった。この頃、陸軍が航空兵器として開発していたのは、飛行機ではなく、気球だった。飛行試験場が所沢につくられると、軍関係の施設が集まるようになり、街は急速に発展するようになった。それまで所沢は絹織物の生産がおもな産業だったが、急速に防空軍事都市に変貌した。

大正10（1921）年、陸軍は空軍力を増強しようと、東京府立川町（現・立川市）に飛行場を拡張移転する。しかし、この立川飛行場はあくまで軍の施設であり、民間航空機が発着する飛行場ではなかった。その後、民間でも航空機の需要が高まってくると、民間専用の飛行場の建設が求められるようになる。そうして開港したのが、後に羽田空港となる「羽田飛行場」だった。

もともと羽田は、民間の飛行機愛好家が多く集まる場所だった。当時は、すでに民間で飛行機熱が高まっており、自作の飛行機で飛行実験を行う者も出てきていた。その頃の飛行機はプロペラ機だったため、現在のような大規模な滑走路は必要なく、砂浜があれば十分だった。海岸線に近く、飛行に適した風がよく吹く羽田沖の埋立地は、航空家にとって絶好の飛行スポットだったのだ。

こうして民間の飛行家が集まるうちに、羽田の周辺には航空関連施設がつくられるようになった。大正5（1916）年には、六郷川の対岸に、操縦技術などを教える日本飛行学校が創設されている。

昭和6（1931）年、逓信省の主導で、羽田海岸に日本初の国営民間専用の飛行場「羽田飛行場」が造成される。開港当時の面積は、53ヘクタール。全長300メートルの滑走路が1本あった。

昭和8年には、立川飛行場などの民間航空部門が羽田飛行場に移管。満洲や中国、タイ、フランス領インドシナなどの国際線も運航するようになる。昭和13年には、発着便の増加に対応するために施設の拡張に着手。羽田飛行場は〝東京飛行場〟にその名を改称し、名実ともに東京の空の玄関口になった。

●GHQの強制退去命令

しかし、そんな東京飛行場にも戦争の暗い影が近づいていた。

昭和12（1937）年、日本は日中戦争に突入。その後、アジア全域を舞台とする太平洋戦争に発展した。戦争が激しさを増すと、民間の定期航空便は停止され、民間専用の航空施設だった東京飛行場も軍用飛行場として使用されることになった。

昭和20（1945）年8月15日、太平洋戦争は日本の敗北で幕を閉じる。日本はアメリカ軍やイギリス軍からなる進駐軍に占領され、GHQによる軍事施設の接収が行われた。戦時中、軍用飛行場として運用されていた東京飛行場も例外ではなかった。

東京飛行場は、都心部に近く、GHQとしてはなんとしても押さえたい施設だった。GHQは東京飛行場を接収すると、自分たち専用の飛行場にするために、拡張工事の計画を立てた。

だが、東京飛行場の周辺には、古くから漁業を営む住民が数多く住んでいた。本来、飛行場を拡張するならば、当然ながら住民たちと立ち退き交渉をしなければならない。しかし、手間を惜しんだGHQは、思わぬ強攻策に打って出る。海老取川より東の地域にいる住民に対して、

48時間以内に出て行くよう、強制退去を命じたのだ。

強制退去の対象になったのは、羽田鈴木町、羽田穴守町、羽田江戸見町の１３２０世帯、約３０００人。彼らは何の事前交渉も補償もなく、先祖代々住んできた土地を追われることになった。

立ち退きの対象地域には、小学校があり、２つの神社があり、海水浴場や競馬場もあったが、それらはＧＨＱの拡張工事で家屋とともに、すべて潰されることになった。この時、破壊されずに残った（何度やっても壊せなかったとも、壊そうとしたらけが人が出たともいわれる）のが、現在、羽田空港の環八側に移設されている大鳥居である。

住民を追い出したＧＨＱは、すぐさま空港の拡張工事に着手し、半年後には工事を終わらせた。この拡張工事で空港の面積は終戦前の約３・５倍にあたる、２５７・４ヘクタールに広がっている。

ＧＨＱは羽田空港を有効活用するために、空港にアクセスする京急穴守線（現・京急空港線）にも目をつけた。羽田空港にアクセスする京急線は、終戦時には京急蒲田駅から羽田空港まで、すでに全線が複線化されていたが、片方の線路はＧＨＱの専用線にされてしまう。事実上、単線化された羽田空港までの路線で日本人が乗車できたのは羽田空港より手前の地点まで。そこから先は立ち入り禁止区域になった。羽田空港は異国になってしまったのである。

GHQ が取り壊しを断念したといわれる穴守稲荷神社の大鳥居。長らく駐車場内に屹立していたが、平成 11 年に現在の場所に移転された。

●羽田が空の玄関に戻るまで

終戦後、日本にやってきたGHQは、国内の飛行場を接収し、戦時中にあった国内の航空機メーカーをすべて解体して、航空機の開発や運航を禁じた。

GHQがそうまでして日本の航空事業を封じたのは、日本が再軍備することを防ぐためだったとされている。だが、その裏には、軍国化の防止という建前と別の狙いがあった可能性もある。

当時、民間航空の経済的な可能性はすでに無視できないほど大きくなっていた。遠隔地に人や物資を運ぶ輸送手段としての使い道はもちろん、航空機や航空技術も立派な輸出品になった。戦時中、日本はゼロ戦を開発するなど、限られた物資の中で高い航空技術を発揮していた。もし、日本に民間航空事業を許せば、日本の経済は発展し、世界市場でアメリカの強力なライバルになるかもしれない。アメリカはそれを恐れ、日本の航空事業を禁止したとも見ることができる。

サンフランシスコ講和条約の締結を控えた昭和26（1951）年、占領が続く羽田の飛行場で、限定的に民間航空が再開された。再開後の初フライトは、日本航空（後のJAL）のもく星号で、羽田から大阪の伊丹空港、福岡の板付空港まで飛んだ。昭和27年には運輸省の外局として航空局が誕生。ようやく日本の民間航空事業が本格的に再開することになった。

同年、羽田の飛行場の一部が返還され、東京国際空港に改称する（完全返還は昭和33年）。それ以降、羽田は東京の玄関口として多くの国際便を迎え入れたが、1960年代になり、増加する国際便に発着能力の限界を迎えるようになる。政府は羽田の拡張を考えたが、技術的な理由で断念し、羽田に代わる国際空港として成田空港を建設。国際便は成田に移され、羽田は国内線中心の空港に変わった。

しかし、その後、技術的な問題が解消されたことで、羽田の拡張が再開。平成22（2010）年には新国際旅客ターミナルも完成した。平成26年3月30日からは国際線が増加されて、徐々に羽田は東京の空の玄関という往時の姿を取り戻しつつある。

歴史に振り回された羽田はこれからどう変わっていくのか。羽田空港のこれからに注目したい。

Episode : 38

【進駐軍による軍事施設の意外な転用法】

GHQに野菜畑にされた飛行場がある？

先ほどの項目で触れたように、終戦後、日本にやってきたGHQは国内の飛行場を次々と接収していった。その中には東京飛行場（羽田空港）のようにそのまま使われた飛行場もあったが、なかには施設の全部、あるいは一部が取り壊され、別の目的に使われた飛行場もある。更地にされて転用された飛行場の代表的な存在が、現在の練馬区にあった成増飛行場だろう。

●GHQに消された飛行場

成増飛行場は、羽田飛行場とは違い、完全な軍用飛行場だった。

昭和17（1942）年、アメリカ軍は初の日本本土空襲となるドーリットル空襲を決行する。空母ホーネットから出撃したドーリットル中佐率いるB‐25爆撃機16機が東京、川崎、横須賀、名古屋、神戸を相次いで爆撃。日本側には50人を超える死者が出た。

当時、日本ではまさかアメリカ軍が本土空襲にくるとは考えていなかった。慌てた軍部は帝都防衛のために、飛行場を急ピッチで建設し、翌年に完成させる。それが成増飛行場だった。

成増飛行場は終戦と同時にGHQに接収され、更地にされた。その跡地につくられたのが、都内最大規模の進駐軍用の住宅のグラントハイツである。

グラントハイツは総戸数1260戸という最大級の団地で、敷地内には鉄道まで敷設された。敷地内にあったのは東武鉄道啓志線で、昭和22（1947）年に運行を開始。だが、翌年には早くも旅客営業を終了し、それから昭和32年まで貨物列車の専用線として使われた。現在、グラントハイツの跡地は光が丘団地になっており、成増飛行場の痕跡を探すことは難しい。

●レタス畑になった飛行場

GHQに接収された飛行場の中には、一風変わった使われ方をしたところもある。

昭和16（1941）年、陸軍が現在の調布市に開港した機密飛行場「調布飛行場」がそれだ。

機密飛行場とは、明治32（1899）年に制定された軍機保護法によって指定された飛行場のことをいう。機密飛行場に指定されると、立ち入り制限はもとより測量・観測・スケッチ・複写・複製といった行為が禁じられた。調布飛行場は民間機と迎撃用戦闘機の発着用として整備されたが、完成直後に陸軍の部隊が常駐することになり、民間機発着の飛行場として機能す

2014 年の調布飛行場。レタス畑の面影は残っていない。

ることはなかった。

終戦後、やってきたGHQはこの調布飛行場も接収した。接収された調布飛行場は、半分は進駐軍の基地として使用され、もう半分は別の用途に使われた。その用途とは、レタス畑である。

日本に駐留する進駐軍の兵士の中には、日本食に馴染めない者もいた。そのため、GHQは軍人の要望にそった食事を用意しようとしたが、サラダに使うレタスの入手に苦労していた。

当時、日本にもレタスはあった。レタスやトマト、ブロッコリー、ピーマンといった野菜は、もともと日本になかったが、明治の開国後、西洋から持ち込まれた。それらの野菜は古くからある日本の野菜と区別するために西洋野菜と呼ばれ、洋食が普及するにつれて、国内でも徐々に栽培されるようになっていた。だが、その頃の日本人には、まだ〝野菜を生で食べる〟という習慣は薄く、栽培はそれほど盛んには行われていなかった。日本で入手しようにも、なかなか手に入らなかったのだ。

ＧＨＱは当初、レタスをアメリカから送らせていた。しかし、輸送に時間がかかってしまい、どうしても鮮度を保つことができない。

アメリカから取り寄せるのが難しいなら、日本の農家に命じて作らせるという方法もあった。しかし、ＧＨＱはあえてそれを選択しなかった。当時の日本の農家は、人糞や馬糞をもとにした下肥を肥料として使っていた。それが西洋人の目には〝不衛生〟に映ったのである。

輸入がダメ、作らせるのもダメということになれば、あとはもう自分たちで作るしかない。

ＧＨＱは接収した調布飛行場の一画に、幅１メートル、長さ１００メートルの苗床を作り、レタスの水耕栽培を始めた。最盛期の苗床の数はなんと２８００本。調布飛行場の農地にはビニールハウスも設置され、内部では化学肥料を使った衛生的な野菜も栽培された。そこで収穫された野菜は〝清浄野菜〟として、人気を博したという。ＧＨＱの接収というと、どうしても暗い面がつきまとうが、この調布飛行場の農地は珍しく平和的な利用法だったと言えるだろう。

調布飛行場は、日米共同使用の期間などを経て、昭和43（１９６８）年に飛行場地区が日本に全面返還された。現在では東京都が運営する都営飛行場となっており、新島や大島といった離島への発着便が就航している。

Episode : 39

【東京が抱えるゴミ問題の歴史と現状】

東京はゴミ問題にどう対処してきたか？

私たちの毎日の生活において、様々なサービスを提供する行政。なかでもとりわけ重要な仕事が、ゴミの処理である。ゴミは日々排出されるが、放っておいても勝手に片づいてくれるわけではない。特に多くの人が暮らす東京で出るゴミの量は甚大だ。その処理をするという面倒な仕事を、行政が引き受けるのは、いまでは当たり前のように思える。

さて、そんな東京のゴミ行政はいったいいつ、どんな形で始まったのだろうか。

東京のゴミ行政は、明暦元（１６５５）年、幕府が深川の永代島にゴミを捨てるように命じたことから始まった。しかし、当時、ゴミの処分は行政の仕事ではなかった。江戸時代は民間業者が大活躍していたのだ。

ゴミ処分業者は大量に出されるゴミを引き取り、布や金属、紙などをリサイクルして、使えるものはとことん金に換えた。ゴミ処分という仕事は、幕府からお墨付きをもらった者だけが行える専有事業であり、金になるビジネスだった。そのなかでも、特権中の特権といえたのが、大名屋敷のし尿処理である。

●まさに〝黄金〟だった大名家のし尿

江戸時代、町は武家地・町人地の身分によって住む場所が分けられており、町人は武家地に容易に足を踏み入れることができなかった。し尿処理業者ももちろん許可制だったが、大名屋敷に立ち入ることができたのは、その中でも限られた者だけだった。

大名屋敷には多くの武士が住んでいたから、大量の糞尿が毎日溜まる。それを出入りが許されたし尿業者が数日ごとに汲み取った。いまでは考えられないことだが、業者は大名にお金を払ってし尿を汲み取らせてもらっていた。なぜなら、引き取った糞尿は肥料として農家に高く売ることができたからである。

人間の糞尿からつくられた肥料は、下肥《しもごえ》と呼ばれた。まだ化学肥料などない時代だから下肥は農家に欠かせないものだった。とくに武士、なかでも格式高い尾張藩や紀州藩といった御三家から出た糞尿は優れた下肥とされ、高値で取引された。

糞尿処理という人が嫌がる仕事で大名屋敷に出入りしていると、武士は業者に信頼を寄せるようになる。大名屋敷のし尿処理という許可権を引き続き得るために、出入り業者はときに大名屋敷のメンテナンスや庭園の手入れなどの雑務も引き受けたりした。大名屋敷は広大だったため、たとえば、畳や障子の張替えだけでも莫大な金額が動いた。大名家のし尿処理はおいしい仕事だったのである。

とはいえ、出入り業者にすべての雑務をこなせるスキルはない。そこで技術のある別の人間を使うことになる。実は、し尿の回収自体も業者自身がやっていたわけではなかった。業者はヒマな農民たちをかき集めて、日銭を払って汲み取りをやらせていた。自分は手を汚すことなく、集まったし尿を農民たちに売り払っていたのである。

当時は電話やメールなどがないため、人手を集めるには人脈がものを言った。豪農や地域の顔役でなければ人を集めることができなかったため、〝肥を制する者が村を制す〟とまで言われるようになった。

豪農たちはし尿をより集めやすくするために、自ら資金を投じて、人通りの多

北斎漫画に描かれた江戸時代のトイレの様子

い場所に公衆トイレを設置したりしている。そこで得たし尿を販売して金に換えたのだ。

●明治時代のゴミ行政変貌

徳川政権時代に糞尿処理を担当していた清掃業者は、明治政府が成立した後も引き続き営業許可を与えられた。発足したばかりの明治政府は、体制づくりに時間を割かなければならなかったので糞尿処理にまで手が回らなかったのである。

しかし、明治時代に開国したことで西洋人が日本にもやってくるようになった。政府はメンツを保つため、フタをしないまま町で肥桶を担ぐなど、外国人に不衛生だと思われるような行為を禁止した。

明治政府は沿道や市街地、公衆トイレの衛生を保つことにも心を砕いた。明治8（1875）年には、内務省衛生局が発足。明治10年にコレラが蔓延すると、下水道の整備を進める一方、伝染病予防の観点からゴミ処分も行政の課題になった。

明治33（1900）年、政府は汚物掃除法を公布する。汚物掃除法はゴミを「肥料としてリサイクルできるゴミ」「それ以外で廃物利用できるゴミ」「どちらにも属さない捨てるだけのゴミ」の3タイプに分類し、ゴミの分別化を徹底するとともに、減量化を目的としていた。

汚物掃除法では、塵芥取扱場の指定もしている。塵芥取扱場とは、要するにゴミ収集所のことである。汚物掃除法はゴミ処理を市町村の業務としていたが、現場でゴミ処理を担当したのは民間業者だった。要するに市町村から委託される形式になっているだけだった。

それを大きく変えたのが、第二代東京市長・尾崎行雄だった。尾崎は明治41年にゴミ収集の公営化に着手。小石川区（現、文京区西部）と四谷区（現、新宿区南部）から公営化に開始し、大正7（1918）年には、市域全域でゴミ処理を公営に切り替えた。

ゴミ処理が完全に市町村の事務になったことで、町は清潔になった。しかし、肥料の価格が高騰するという問題も起きた。価格が高騰すると、水を混ぜて品質の悪い肥料が出回るようになり、警視庁が下肥を取り締まるという事態も起きている。

二代目東京市長の尾崎行雄

行政側としても悩ましい問題を抱えていた。ゴミ処分を公営化に切り替えるといっても、焼却場建設費用、清掃担当職員の人件費など、莫大な費用がかかる。これらを増税でまかなうことは簡単だが、安易に増税してしまえば市民からの反発は避けられない。

そこで、市町村のなかにはゴミ処分費用を少しでも穴埋めしようと、ゴミ処分の際に排出される

夢の島は埋め立て後、夢の島公園になっている。

熱の再利用を検討する自治体もあった。大阪市や京都市では、ゴミの焼却熱を利用した発電が試みられている。東京市はゴミ焼却時の廃熱でお湯を沸かし、それを公衆浴場に供給する案が検討された。こうした地方自治体のゴミ処分にかかる費用を軽減するための施策は、21世紀に入ってから地方自治体で盛んに導入されてきた。ようするに明治時代にはすでに再生可能エネルギーが検討されていたのである。

●昭和の埋め立てゴミ行政

明暦元年にゴミ処分場に指定された永代島は、昭和に大量消費社会が到来すると、東京中のゴミが集まる場所に変貌した。23区から排出されるゴミの7割が江東区の処分場に持ち込まれることになり、それらは埋め立てに使われた。ゴミの埋め立てで、江東区はみるみるうちに拡大した。

その一方で、悪臭や火災、ハエの発生が社会問題化し、埋立地からは煤煙が立ち上がる光景が常態化した。昭和48（1973）年には、たまりかねた江東区民が都の清掃者を追い返すという事件も起きている。〝黄金〟だったゴミは大量消費社会の到来によって、本当の〝ゴミ〟と化したのである。

時代が下るにつれて、ゴミの排出量は年々増加している。東京都もゴミを埋め立てる土地を探して、あちこちが埋め立てられた。

なかでも有名なのが、夢の島だろう。

夢の島は正式には14号埋立地という名称があり、昭和42（1967）年に許容量に達し、役目を終えた。しかし、東京のゴミはその後も排出量が増加。江東区にどんどんゴミが持ち込まれて、新夢の島、三代目夢の島、四代目夢の島、五代目夢の島（新海処分場）が誕生。ゴミによって、埋立地は増殖・拡大した。

だが、ゴミを埋め立てる場所はもう東京には残っていないといわれている。ゴミ行政を振り返ると、ゴミの再利用は今に始まったことではなかった。それだけに、ゴミ政策には早急な対応が求められている。

Episode : 40

【市民の怒りが爆発、電車が焼き討ちに遭った】

電車運賃値上げで大暴動が発生？

東京は世界でも有数の鉄道網の発達した都市だとされる。ＪＲや私鉄、はては地下鉄まで、東京圏（都心から50キロ圏内）に張り巡らされた鉄道網の総延長は約２５００キロ（国土交通省のデータより）。東京都民の暮らしに、それら鉄道はなくてはならないものになっている。

さて、そんな鉄道の運賃が、突然、一気に2倍近くまで値上げされるとしたら、どう思うだろうか。実は明治の東京では、実際にそうした事態が起こりかけたことがあったのである。

●東京における私鉄のはじまり

東京の私鉄の歴史が始まったのは、明治15（１８８２）年。この年、日本初の私鉄「東京馬車鉄道」が新橋～上野間で開業した。馬車鉄道とは、馬が車両を引く鉄道のこと。この説明だけ見ると単なる馬車ではないか、と思うかもしれないが、敷かれたレールの上だけを走るれっ

停車中の馬車鉄道の馬と客車（『東京景色写真版』明治 26 年頃）

きとした〝鉄道〟である。

馬車鉄道は、開業当初から馬の出すフンが不衛生という批判はあったが、その移動力の高さや輸送力で人気を集め、またたくまに人力車などを駆逐する。

しかし、明治も半ばを過ぎると電気鉄道が登場。馬車鉄道は時代遅れの交通機関として葬り去られることになった。電気鉄道とは、文字通り電気を動力とした鉄道で、いまでいう〝路面電車〟にあたる。日本で初めて電気鉄道が運行したのは明治28（1895）年の京都で、それから遅れること9年、明治37年に東京でも電気鉄道が走り始めた。

東京で電気鉄道の運行が遅れたのは、希望する事業者があまりに多く、誰に認可を与えればいいか政府が迷ったからという説もある。電気鉄道の営業権は、結局、「東京馬車鉄道」「東京市街鉄道」

「東京電気鉄道」の3社に与えられることになった。

東京馬車鉄道は、先に述べた馬車鉄道の会社だったが、社名を「東京電車鉄道」に変更。馬車鉄道で使っていた線路などの施設を転用し、電気鉄道会社に脱皮した。

後発である東京市街鉄道と東京電気鉄道は、一から用地を買収し、線路を敷設。車両や設備を買い揃えて、徐々に営業距離を延ばしていった。2社の先をいく東京電車鉄道は、浅草や新橋といった繁華街にドル箱路線を張り巡らせていた。新興勢力の2社は、未開の地だった本郷や新宿に活路を求めた。明治39年8月末の時点で線路の総延長距離は、「東京電車鉄道」が17キロ、「東京市街鉄道」が32・8キロ、「東京電気鉄道」が13・2キロと、開業からわずか2年半で東京の私鉄の線路は合わせて63キロにもなっていた。

●競争を避けて3社一元化

電気鉄道は、開業してすぐに東京市民の生活に欠かせないものになった。

だが、電気鉄道会社にとって、あまりおもしろくない状況にもなってきた。電気鉄道は市民の足として、公共性を帯びはじめている。事業が公共性を帯びすぎると、金儲けを優先しづらくなる。営利企業だから利益を追求するのは当たり前なのだが、それを表立ってやれないというジレンマに陥ったのだ。

新橋から見た明治時代後半の銀座通り。路面電車が走っているのが見える。(『東京名所写真帖 Views of Tokyo』明治 43 年)

加えて、他社との競争もある。同じ東京市内をエリアとしているのだから、パイの取り合いにも限界がある。このまま競争を続ければ、いたずらに体力を消耗するだけだった。

当時、電気鉄道会社3社は、運賃を3銭に統一していた。現在でもJRから都電荒川線に乗り換えたり、地下鉄から私鉄に乗り換えるときは、乗車料金をいったん精算する。

これと同じように、東京電車鉄道から東京市街鉄道に、東京市街鉄道から東京電気鉄道に乗り換えるときには、その都度、乗車賃が必要になった。決して広くない範囲で3社が営業しているため、東京市民は頻繁に電車を乗り継いでいた。そのうち、利用者の間から乗り継ぎの度に運賃を払うのが面倒だ、という声が出る。

そこで、東京市の電気鉄道3社は動く。不要な企業間競争をなくし、利用者にもメリットがあるという大義名分を掲げ、明治39（1906）年9月、3社は統合し、新たに東京鉄道を発足させた。

●鉄道会社の横暴に市民が激怒

これでわずらわしい乗り継ぎの精算がなくなる。東京市民がそう思ったのもつかの間、東京鉄道は運賃について驚きの発表をする。乗り継ぎ時の精算はなくなったが、運賃を一気に5銭に引き上げる、と言い出したのである。

3社が鼎立していれば、必然的にライバル企業との価格競争が生まれる。だが、3社がひとつになったことで、東京市内の交通は、東京鉄道の独占市場になった。もはや値下げの必要はないというわけである。

この東京鉄道のやり方に、市民は怒りを爆発させた。

合併前まで3銭だった運賃が、急に2倍近くまで跳ね上がるというのだ。怒りに燃えた利用者たちは、徒党を組んで、値上げの撤回を求める市民集会を敢行。一部の市民が暴徒化し、投石や放火などで電車を破壊した。被害を受けた車両は50両以上、100名以上の逮捕者を出す大暴動になった。

市民の怒りに恐れをなした東京鉄道は、5銭への値上げを撤回。4銭ではどうか、と妥協案を出した。

しかし、それでも市民の不満は収まらない。そのうち、市民の間から「電気鉄道は公共のものなのだから、市が運営すべきではないか」という声が上がり始める。

公共交通という概念が生まれたのは、明治39年に交付された鉄道国有法が大きく影響している。この法律が制定される前まで、鉄道事業者は民間企業の方が多かったが、鉄道国有法の施行で各地の私鉄は次々と国有化された。電気鉄道はこの法律の対象外だったが、電気鉄道も官が運営するべきとの意見が高まっていった。

そうした世論の高まりを受け、東京市は重い腰を上げて電気鉄道の市営化に着手する。長大な路線網を有する東京市内の3社を買収するには膨大な資金が必要だったが、市債を発行して原資をまかなった。

こうして東京市内で覇を争っていた3社の電気鉄道は、東京鉄道を経て明治44（1911）年に東京市電気局に一元化された。多大な資金を投じて買収した東京の路面電車は、その後も線路を延ばした。東京市が東京都に変わり、市電が都電に名称変更しても、昭和30年代まで都民の足として栄華を誇った。

現在、40もの系統があった都電は荒川線だけを残して、すべて廃止された。都電の役割は、都バスや都営地下鉄、東京メトロに引き継がれている。

Episode : 41

【地下鉄の歴史は利権争いの歴史？】

なぜ東京の地下鉄は2つあるのか？

東京の地下鉄には、奇妙な点がある。

大阪や名古屋といった都市の地下鉄は、ひとつの鉄道事業者が運営している。

しかし、なぜか東京では都営地下鉄と東京地下鉄株式会社（東京メトロ）の2者が存在している。

「電車運賃値上げで大暴動が発生？」（238ページ）でも触れたが、3つの路面電車が鼎立した時、事業者は率先して一元化した。なぜ、東京の地下鉄は一元化せず、2者で運行を続けているのか。他の都市の地下鉄は行政が運営しているのに、なぜ東京には東京メトロという〝私鉄〟が存在しているのか。

●地下鉄の父vs〝強盗慶太〟

昭和初期の東京地下鉄道の駅（『大東京名所百景写真帖』昭和 11 年）

その背景には、歴史の複雑な絡まりがある。

日本で最初に開業した地下鉄は、昭和２（１９２７）年に、浅草駅～上野駅で運行を開始した銀座線である。

銀座線は、「日本の地下鉄の父」早川徳次《のりつぐ》が立ち上げた東京地下鉄道という私鉄の一路線だったが、工事が難航し、建設資金が欠乏したため、なかなか計画通りに線路を建設できなかった。それでも東京地下鉄道は、なんとか浅草駅～上野駅～新橋駅間を開業させ、そこから品川方面へと線路を延ばそうとしていた。品川駅まで到達したら、そこから京浜電鉄（現・京浜急行電鉄）に乗り入れる予定だったのだ。

新橋駅まで開業した昭和９年、東京にもうひとつ地下鉄事業者が誕生する。

実業家の五島慶太《ごとうけいた》（１６６ページ）が東京高速

鉄道を設立したのだ。

東京高速鉄道は、渋谷駅～新橋駅間の地下鉄路線を計画。新橋駅から先は、早川がつくった東京地下鉄道にドッキングして、上野駅や浅草駅まで乗り入れるつもりでいた。

五島はさっそく、早川に乗り入れを依頼する。しかし、早川はあくまで品川方面に線路を延ばすことにこだわり、五島の申し出を拒絶した。五島はへりくだって説得したが、早川は頑としてそれを受け入れなかった。

早川が初めて地下鉄を目にしたのは、大正3（1914）年のロンドンだった。早川はロンドンで地下鉄を一目見て、それが新しい時代の公共交通の主役になることを確信し、帰国するとその必要性を説いて回った。しかし、当時の財界人は地中を鉄道が走るなど信じられず、早川を山師と蔑み、相手にしなかった。

早川はそれでもめげずに、独自に地下鉄を研究した。財界の有力者の説得も続け、ようやく財界の重鎮であった渋沢栄一や、鉄道業界の実力者で東武鉄道の総帥・根津嘉一郎のバックアップをとりつけたのである。早川にとって東京地下鉄道は、辛酸をなめるような日々を耐え、なんとか実現させたものだった。後からやってきた五島などと手を組めば、その大切な東京地下鉄道は飲み込まれてしまうかもしれない。そんな思いから、早川は五島の申し出を拒絶したのだろう。

五島は、東京地下鉄道とドッキングすることで、手早く本拠地の渋谷に人を呼び込みたい、と考えていた。どうしても諦めきれなかった五島は、東京地下鉄道の株式を買収する、という強引な手法に打って出る。

東京地下鉄道は、当時のドル箱路線だった。それを五島が買収しようとしていると知り、世間は仰天した。新聞は両者が激しくやりあう様子を〝地下鉄大戦争〟などと書きたて、東京市民の関心を煽った。

早川と五島の争いは、こじれにこじれる。東京地下鉄道と東京高速鉄道は、ともに新橋駅を設置。壁を隔てて、ふたつの新橋駅が並ぶという異様な状態になった。

昭和14（1939）年、ついに地下鉄戦争は終結。東京地下鉄道と東京高速鉄道の線路がつながり、相互乗り入れも開始された。早川は敗れ、五島の野望が達成されたのである。

激しく火花を散らした両社は、昭和17年、陸上交通事業調整法によって、帝都高速度交通営団（営団地下鉄）に一元化された。営団は鉄道省が所管する特殊法人なので、いわば国家に管理されることになったのだ。

帝都高速度交通営団は、国の行政改革の一環で後に民営化された。これが現在の東京地下鉄株式会社（東京メトロ）である。

昭和 35 年 11 月 30 日の都営地下鉄「浅草線」の開業式（© 共同通信）

●地下鉄に東京都が参入

早川と五島が火花を散らす中、実はもう一者、東京で地下鉄を運行しようとする事業者がいた。

それが東京市だった。

東京市は明治後期から、虎視眈々と地下鉄の計画を練っていた。ところが関東大震災が起きて計画が封印されると、その後はうやむやな状態に置かれていた。

計画が動き出したのは、終戦後のことだった。戦災復興が進む中、東京都は営団地下鉄だけでは地下鉄の建設が進まないと主張、地下鉄事業への参入を表明した。

昭和35（1960）年に、都営地下鉄は最初の区間となる押上駅〜浅草橋駅間を開業。こうして、せっかく一元化した東京の地下鉄は、東京都が参入したことによって、再び二者体制になってしまった。

明治時代の電気鉄道の争い、早川と五島の戦い、そして東京都の地下鉄参入……、東京の鉄道をめぐって諍いが繰り返される理由は、一口に言って〝利権〟に他ならない。東京都心部の交通網は、ドル箱路線確実であり、都心部の交通を掌握すれば、東京の利権を独り占めすることになる。東京電力やJR東日本のように、地域で独占的なビジネスができることは、企業にとって非常に〝美味しい〟状態なのである。

平成16（2004）年、営団地下鉄は民営化に向けて、東京地下鉄株式会社（通称・東京メトロ）に改組した。東京メトロの株式は、政府と東京都がほぼ半々に保有することになった。東京都はつまり、東京メトロの大株主ということになる。

2014年初頭に辞任した東京都の猪瀬直樹都知事は、副知事時代から、都営地下鉄と東京メトロの一元化を呼びかけていた。しかし、東京メトロ側は都の債務などを理由に一元化には消極的で、むしろ早期の株式公開を目指している。

一度は終結した東京の地下鉄戦争の火種は依然くすぶっている。完全に鎮火する気配は、まだない。

あとがき

東京を大きく変えたトピックは、3つある。ひとつは関東大震災からの復興、もうひとつは戦災からの復興、そして東京オリンピックだ。前二者は東京が否応なしに変えさせられた出来事でもあった。対して、東京オリンピックでは自主的に変わろうとし、そして実際に変わった。

2020年に開催が決まった東京オリンピックはコンパクトさを売りにしていたが、早くもそれらは覆されて大幅に東京が変わるという未来図が今から描かれている。オリンピックなどの国際的なイベントは都市改造のチャンスであるため、それを機にインフラを整備したいと考える政治家や自治体関係者は多いのだ。それだけに、利権が渦巻いている。

東京は継続的に変化することを強制されてきた都市と言っていい。高度経済成長、そしてバブル景気。改造を繰り返しながら現在の東京はある。その裏には、官民の血と汗と涙があることは言うまでもない。

しかし、東京が今のような形になっているのは、決して東京人だけの力によるものではない。

例えば、2011年3月11日に起きた東日本大震災では福島県の福島第一原発が被災し、東京都内の電力供給は一時的にストップする事態となった。東京の電力は福島県によって支えられていることを実感させられた人は多かっただろう。

東京が世界の国際都市として地位を得ているのは、他県の力に依存している部分もある。

高度経済成長期に千葉県知事を務めた加納久朗（任期：1962〜1963）は、東京湾の埋め立て事業に邁進した人物として知られる。加納は日本住宅公団初代総裁を務めたことがあり、千葉県知事に就任する以前から、東京都の人口が飽和状態になることを予測していた。

そこで、加納は東京・晴海と千葉県・富津を一直線に結び、その内側をすべて埋め立てるというとんでもない構想をブチあげた。造成された埋立地には、新たに皇居や首相官邸、国会議事堂を建設する。加納の奇想天外な構想は、新しい首都を建設するというものだった。

こうした構想を持っていたのは加納だけではなかった。埼玉県知事だった畑和《はたやわら》（任期：1972〜1992）もまた、加納と同じように東京とリンクした都市開発に夢を膨らませた一人だ。畑は東京と埼玉の区境に流れる荒川に埼玉港をつくることを考えていた。埼玉港は巨大な貿易港として東京の物流機能を一手に引き受け、日本経済を支えようと考えたのである。

2020年に開催される東京オリンピックは、東京都だけの問題ではない。ほかの道府県にも多くの影響を与えるだろう。東京の将来像を考えることは、日本の今後を考えることでもある。それだけに、私はこれからも東京に注目し続けたいと思っている。

■主要参考文献

『都史紀要三　銀座煉瓦街の建設』（東京都）／『都史紀要四　築地居留地』（東京都）
『都史紀要十三　明治初年の武家地処理問題』（東京都）／『都史紀要二十九　内藤新宿』（東京都）
『都史紀要十五　水道問題と三多摩編入』（東京都）／『都史紀要二十五　市区改正と品海築港計画』（東京都）
『都史紀要三十　市制町村制と東京』（東京都）／『都史資料集成第二巻　東京市役所の誕生』（東京都）
竹内洋『シリーズ日本の近代一二　学歴貴族の栄光と挫折』（中央公論新社）
藤野敦『東京都の誕生』（吉川弘文館文化歴史ライブラリー）／佐々木克『江戸が東京になった日』（講談社選書メチエ）
勝田政治『廃藩置県』（講談社選書メチエ）／石田頼房編『未完の東京計画』（ちくまライブラリー）
藤森照信『明治の東京計画』（岩波現代文庫）／藤森照信『日本の近代建築（上）』（岩波新書）
藤森照信『日本の近代建築（下）』（岩波新書）／越沢明『東京の都市計画』（岩波新書）
越澤明『東京都市計画物語』（ちくま学芸文庫）／越澤明『復興計画』（中公新書）
野口孝一『銀座物語』（中公新書）／戸矢理衣奈『銀座と資生堂』（新潮選書）
今尾恵介『住所と地名の大研究』（新潮選書）／佐藤洋一『図説　占領下の東京』（河出書房新社）
初田亨『図説　東京　都市と建築の一三〇年』（河出書房新社）／宮本又郎『図説　明治の企業家』（河出書房新社）
交通博物館編『図説　駅の歴史』（河出書房新社）／読売新聞社会部『東京今昔探偵』（中公新書ラクレ）
「東京人」編集室編『江戸・東京を造った人々　1』（ちくま学芸文庫）
「東京人」編集室編『江戸・東京を造った人々　2』（ちくま学芸文庫）／鈴木博之『東京の地霊』（ちくま学芸文庫）

初田亨『東京　都市の明治』（ちくま学芸文庫）／初田亨『百貨店の誕生』（ちくま学芸文庫）
小木新造『東京時代』（講談社学芸文庫）／片木篤『オリンピック・シティ　東京1940・1964』（河出書房新社）
宮田章『霞ヶ関歴史散歩』（中公新書）／平本一雄『臨海副都心物語』（中公新書）
佐々木信夫『都知事』（中公新書）／佐々木信夫『都庁』（岩波新書）
佐々木信夫『東京都政』（岩波新書）／山口廣編著『郊外住宅地の系譜―東京の田園ユートピア』（鹿島出版会）
百瀬孝『内務省』（PHP新書）／勝田三良監修・河村茂著『新宿・街づくり物語』（鹿島出版会）
岡本哲志監修『古地図で歩く　江戸城・大名屋敷』（平凡社）／『水の東京を歩く』（平凡社）
松葉一清監修『復興建築の東京地図』（平凡社）／岡本哲志監修『古地図で歩く天皇家と宮家のお屋敷』（平凡社）
陣内秀信『水辺都市』（朝日選書）／今泉宜子『明治神宮』（新潮選書）／林章『塔とは何か』（ウェッジ選書）
橋爪紳也『ニッポンの塔』（河出ブックス）／『愛宕山』（港区立港郷土資料館）
小沢朝江『明治の皇室建築』（吉川弘文館文化歴史ライブラリー）／小野芳朗『〈清潔〉の近代』（講談社選書メチエ）
安藤優一郎『大名屋敷の謎』（集英社新書）／『東京都清掃事業百年史』（東京都）
溝入茂『ごみの百年史』（學藝書林）／井上章一『愛の空間』（角川選書）
福井優子『観覧車物語』（平凡社）／『渋沢栄一と王子製紙株式会社』（渋沢史料館）
塩満一『アメ横　三十五年の激史』（東京稿房出版）／原武史『増補　皇居前広場』（ちくま学芸文庫）
小泉和子・高藪昭・内田青蔵『占領軍住宅の記録〈上〉』（住まいの図書館出版局）
小泉和子・高藪昭・内田青蔵『占領軍住宅の記録〈下〉』（住まいの図書館出版局）
村上重良『慰霊と招魂』（岩波新書）／田中弘之『幕末の小笠原』（中公新書）
『後楽園の25年』（株式会社後楽園スタヂアム編纂委員会）／『後楽園スタヂアム50年史』（株式会社後楽園スタヂアム）

石津三次郎『浅草 蔵前史』（蔵前史刊行会）／『隅田川をめぐるくらしと文化』（東京都江戸東京博物館）
長谷川亮一『地図から消えた島々』（吉川弘文館歴史文化ライブラリー）
鈴木芳行『首都防空網と〈空都〉多摩』（吉川弘文館歴史文化ライブラリー）
小森厚『もう一つの上野動物園史』（丸善ライブラリー）／平山昇『鉄道が変えた社寺参詣』（交通新聞社新書）
『日本航空史年表 証言と写真で綴る七〇年』（日本航空協会）／有馬哲夫『原発・正力・ＣＩＡ』（新潮新書）
佐野眞一『津波と原発』（講談社）／猪瀬直樹『土地の神話』（小学館文庫）
猪瀬直樹『ミカドの肖像 上』（小学館文庫）／猪瀬直樹『ミカドの肖像 下』（小学館文庫）
前島康彦『井の頭公園』（東京公園文庫２）／金井利彦『新宿御苑』（東京公園文庫３）
西山夘三『日本のすまい Ⅰ』（勁草書房）／西山夘三記念すまい・まちづくり文庫『昭和の日本のすまい』（創元社）
荒川区教育委員会『三河島と日本初下水処理施設』（荒川ふるさと文化館）
荒川区教育委員会『日本羅紗物語』（荒川ふるさと文化館）中田整一『トレイシー』（講談社文庫）
『東京名所写真帖：Views of Tokyo』（尚美堂）／『昭和史第7巻』（毎日新聞社）
亀井和七編『東京名所写真帖』（美博堂）／『最新東京名所写真帖』（小島又市）
『東京風景』（小川一真出版部）／『東京景色写真版』（江木商店）
『大東京名所百景写真帖』（青海堂）／田山宗尭編『日本写真帖』（ともゑ書店）
『東京市養育院年報 第45回』（東京市養育院）
建築写真類聚刊行会編『建築写真類聚 第5期 第15（遊園地の建物）』（洪洋社）
『東京市下水道事業概要』（東京市）／『王子製紙株式会社案内』（王子製紙）
『第五回内国博覧会』（第五回内国勧業博覧会要覧編纂所）

■ 著者紹介

小川裕夫（おがわ・ひろお）
1977年、静岡県静岡市生まれ。行政誌編集者を経て、フリーランスライター。旅、鉄道、地方自治などが専門分野。著書に『鉄道王たちの近現代史』（イースト新書）、『封印された鉄道史』『封印された鉄道秘史』（以上、彩図社）、『都電跡を歩く』（祥伝社新書）、『踏切天国』、『路面電車で広がる鉄の世界』（以上、秀和システム）、『全国私鉄特急の旅』（平凡社新書）、『政治家になっちゃった人たち』（総和社）、編著に『日本全国路面電車の旅』（平凡社新書）などがある。

封印《ふういん》された 東京《とうきょう》の謎《なぞ》

平成29年2月13日 第1刷
平成29年2月14日 第2刷

著　者　小川裕夫

発行人　山田有司

発行所　株式会社　彩図社
東京都豊島区南大塚3-24-4
MTビル　〒170-0005
TEL:03-5985-8213　FAX:03-5985-8224
http://www.saiz.co.jp
https://twitter.com/saiz_sha

印刷所　新灯印刷株式会社

　ISBN978-4-8013-0202-0 C0120

本書は、平成26年4月に小社より刊行された単行本を加筆修正の上、文庫化したものです。

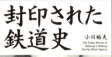

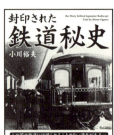